좌파는
무 슨
생각으로
사는가
?

좌파는 무슨 생각으로 사는가?

ⓒ김상민, 2025

초판 1쇄 펴낸날 2025년 3월 31일

지 은 이 김상민
펴 낸 이 김혜라

진   행 김서연
편   집 이영주 박혜원
마 케 팅 김태혁 손민기
디 자 인 최진영

펴 낸 곳 도서출판 상상미디어
주   소 서울특별시 중구 퇴계로30길 15-8 무석빌딩 5층
전   화 02.313.6571~2 / 02.6212.5134
팩   스 02.313.6570
이 메 일 3136572@naver.com
홈페이지 www.상상미디어.com
출판등록 제312-1988-065

ISBN 978-89-88738-99-3(03340)
값 17,000원

좌파는 무 슨 생각으로 사는가?

상상미디어

대한민국은 자유민주주의 국가입니다. 자유를 최우선시하며, 국민이 권력의 주인입니다. 국민의 자유는 누구도 뺏어갈 수 없습니다. 그렇지만 지금 대한민국에는 내심 자유민주주의 가치를 경시하고, 번영의 토대가 된 시장경제를 훼손하려는 사람들이 의외로 많습니다. 마음속으로 좌파 사회주의를 꿈꾸는 사람들입니다. 결론부터 얘기하면 이 책의 목적은 좌파들의 이념과 사상의 뿌리가 어디에서 유래하고, 그들의 나쁜 생각이 어떻게 대한민국을 좀 먹고 있는지 살피기 위함입니다.

"자유가 아니면 죽음을 달라!"는 말처럼 우리 국민이 사랑하는 자유는 공기와 같은 존재입니다. 있을 때는 고마움을 거의 모르지만, 없을 때는 그 필요성을 온몸으로 절실히 느낍니다. 군대와 감옥은 모두 사람들이 매우 가기 싫어하는 곳입니다. 자유를 억압당하기 때문입니다. 군문을 나서거나 출옥을 하는 사람들은 "바깥 공기는 너무나 좋아!" 하고 감탄합니다. 바깥 공기가 곧 자유로 느껴지기 때문입니다. 군대와 감옥은 차이점도 있습니다. 다녀온 사람에 대한 대우나 사회적 시선 측면에서 하늘과 땅만큼 큰 차이가 있습니다.

군대는 '국방의 의무'가 있는 사람이면 반드시 거쳐야 할 곳입니다. 군 복무를 마치는 건 본인에게 영광입니다. 대부분의 나라가 군 복무 중인 현역, 그리고 군 복무를 마친 예비역들을 높이 평가하고 최대한 예우합니다. 국방 의무를 마치고 제대하면 전역증을 줍니다. 군인 예우가 남다른 미국의 제대군인은 박물관·미술관·관광지·쇼핑몰·음식점 등에서 할인도 받습니다. 한국에서도 현재 카드 형태의 플라스틱 전역증을 주고 있으며, 전역증을 지참하면 할인 혜택을 주는 곳도 생겨나고 있습니다.

감옥 즉 교도소로 불리는 곳은 범죄자를 가둬두는 곳입니다. 범죄를 저지르지 않는 선량한 시민 대부분은 평생 구경조차 하기 힘듭니다. 감옥에서 형벌을 받고 나온 사람은 전과자로 불립니다. 평생 불명예로 남습니다.

감옥에 다녀온 사람을 무조건 싸늘한 시선으로 바라보는 건 아닙니다. 정치범과 사상범에 대해서는 '감옥 경력'을 훈장으로 인정하기도 합니다. 정치범이나 사상범들이 "감옥생활은 나에게 형벌이 아니라, 성찰과 사색의 시간이었다."라고 자랑스럽게 말하기도 합니다.

그렇지만 정치범이나 사상범의 감옥생활은 그들의 생각을 '편협과

극단'으로 흐르게 하는 경우가 많습니다. '백문불여일견'이란 말처럼 세상에 대한 견문을 넓히지 못하기 때문입니다. 공자는 지혜를 얻는 방법으로 '사색, 모방, 경험'의 세 가지를 제시하면서 "사색은 가장 고상하고, 모방은 가장 쉬우며, 경험은 가장 어렵다."라고 했습니다. 감옥생활에서는 경험이 차단되므로 진정한 지혜를 얻기가 힘듭니다.

자와할랄 네루는 인도의 독립운동가이자 초대 총리로 딸인 인디라 간디에게 보냈던 옥중 편지로 유명합니다. 네루는 1930년 10월 26일부터 3년간 감옥에 있으면서 간디에게 196편의 편지를 보냈고, 그 옥중 편지를 엮은 책이 유명한 『세계사 편력』입니다.
여기서 알아야 할 진실은 네루 가문이 줄곧 사회주의를 신봉했고, 이게 인도의 발전을 막는 결정적 요소가 되었다는 점입니다. 자와할랄 네루는 "내게 이윤에 대해 말하지 말라. 입에 올리기엔 너무 더러우니까."라고 말하며 시장경제를 추구하는 인도의 주요 산업가들에게 경고를 날렸습니다. 그의 딸인 인디라 간디는 수많은 기업을 국영기업으로 만들었습니다.

이탈리아의 좌파 사상가인 안토니오 그람시도 투옥 중에 『옥중 수고』라는 저서를 남겼습니다. 그의 발언에 "나는 무관심을 증오한다. 산다는 건 어느 한쪽을 편드는 것이다."라는 게 있습니다. 사람을 '아군과 적군 즉 편 가르기'로 보는 좌파 사고체계의 표본과 같은 인물이었습니다. 그람시 등의 영향 탓인지 이탈리아에서는 공산당 세력이 강하고, 이탈리아 중부의 토스카나는 좌파 정부가 계속 집권하는 지역으로 유명합니다.

국내에서 감옥생활로 유명한 정치인으로는 김대중 전 대통령, 사상범으로는 『감옥으로부터의 사색』을 쓴 신영복 등이 있습니다.
김대중 전 대통령의 발언 가운데 하나로 "서생적 문제의식과 상인의 현실감각"이 있습니다. 젊은 시절 사업을 했던 경험이 있기에 결코 극단으로 치우치지 않았습니다. 대통령 취임사에서 "민주주의와 시장경제는 동전의 양면이고 수레의 양 바퀴와 같다. 결코 분리해서는 성공할 수 없다."라고 발언했으며, 1998년 외환위기 당시에도 시장경제원칙을 지켰습니다. 일본 대중문화 개방을 추진하는 등 사고가 매우 유연했습니다.
신영복은 통일혁명당 사건으로 1968년 구속된 이후 1988년 8.15 특별가석방으로 출소하기까지 20년을 감옥에서 보냈습니다. 그가 감옥에 있을 기간 대한민국은 '한강의 기적'을 이룬 상전벽해의 현장이었습니다. 눈부신 경제성장으로 1인당 국민소득은 1968년 169달러에서 1988년 4,548달러로 무려 27배나 늘었습니다. 신영복은 국민소득의 급격한 증가로 사람들의 의식주 즉 옷차림, 먹는 음식, 사는 집의 모습이 바뀌는 걸 직접 보지 못했습니다. 하루가 다르게 변해가는 도시의 모습, 해외로 수출되는 '메이드 인 코리아'도 체감할 수 없었습니다.
신영복은 이 기간에 이뤄진 삼성전자, 현대차, 포스코의 출범과 성장을 보지 못했습니다. 감옥에서 사색은 있었을지언정 모방과 경험은 전혀 없었습니다. 공자의 표현을 빌리자면 '모방-사색-경험'이 삼위일체가 돼야 얻을 수 있는 진정한 지혜를 키울 수 없었습니다.

신영복이 대학을 다니던 1960년대에는 영국, 프랑스, 이탈리아, 일본 등 선진 각국에 공산당원이 참 많았습니다. 세계적 학자들도 공산주의를 찬양하기 바빴습니다. 사회주의의 장밋빛 환상만 보면서 착각하고 사는 사람들이었습니다. (사실인지는 증명된바 없으나) 스메틀라나 알릴루예바스탈린의 딸가 했다는 "책으로 공산주의를 배우면 공산주의자가 되고, 몸으로 공산주의를 배우면 반공주의자가 된다."라는 말을 실감하는 시대였습니다. 신영복은 감옥에 들어가기 전에 그런 풍토에서 좌파적 사고, 편협된 시각을 갖게 되었습니다.

신영복은 감옥에서 나와 강단에 섰습니다. 그에 대해 일부 언론과 지식인 사회에서는 양심수라는 표현을 쓰며 추켜세웠습니다. 신영복은 여러 권의 책을 쓰고 강연에 나서며 특히 80년대 운동권 세대, 90년대 전교조 세대 등에 큰 영향을 끼쳤습니다.

신영복의 생각을 엿볼 수 있는 대표적인 책이 2015년 출간된 『담론談論, 신영복의 마지막 강의』입니다. 신영복이 서울대 출신으로 글을 많이 썼고 붓글씨도 썼기에 그가 상당한 수준의 지식인으로 알고 있는 사람이 많습니다. 신영복을 좋아하는 사람들의 글에 따르면 『담론』은 '감옥이라는 공간, 관계, 지식인의 역할' 등에 대한 지혜와 깊이 있는 통찰을 담았다고 합니다. 섬세한 관찰력과 풍부한 감수성에 기반해 인간의 존엄성과 희망을 발견하고 있으며, 이분법적 사고를 넘어 포용적이고 통합적인 관점을 제시하고 있다고도 얘기합니다.

과연 『담론』이라는 책에는 그토록 지혜와 통찰이 담겨 있을까요? 결단코 그렇지 않습니다. 책을 넘기다 보면 착한 시민은 근처에도 가지 않는 감옥에 대한 근거 없는 미사여구, 관계를 중시한다면서 근대 시민사회의 근간인 개인이라는 존재에 관한 부정否定, 자본주의에 대한 부정적 시각과 사회주의에 대한 호감, 반反기업·반反시장으로 일관한 편협된 지식인의 시각 등이 엿보입니다.

여기서 민주주의와 사회주의 등 정치체제에 관해 알아둘 필요가 있습니다. 흔히 민주주의의 반대말은 사회주의로 알고 있는데, 정확한 개념은 아닙니다. 민주주의는 정치 개념으로 국민이 나라의 주인으로서 권력이 국민에 있는 반면, 반대말은 권력이 지배자에게만 있는 전체주의독재체제입니다. 민주주의와 연결된 개념이 개인주의로서 개개인의 자유와 재산권, 존엄성을 중시합니다. 개인주의의 반대말이 사회주의로서 의미는 매우 광범위하나 좁은 의미로는 생산수단의 사회화 또는 공유화를 지향하는 다양한 사상을 일컫습니다. 공산주의는 사회주의가 더욱 극단화된 사상으로 모든 재산과 자원은 집단 소유여야 하며 개인 소유를 완전히 없애야 한다는 주장으로 정부가 경제 전반을 통제합니다. 공산주의의 반대말이 자본주의로 자신의 능력에 따라 재산을 모으고 쓸 수 있는 자유를 중요하게 생각합니다.

이 책에서는 사회주의와 공산주의는 비슷한 개념으로 혼용해서 썼습니다. 결론적으로 정치적인 측면에서 민주주의 대 전체주의, 개인과 공동체 중 무엇을 중시하느냐에 따라 개인주의 대 사회주의, 경제적인 측면에서 자본주의 시장경제 대 공산주의 계획경제의 대립 관계가 성립된다고 할 수 있습니다.

신영복은 『담론』 강의의 핵심이 바로 '관계'이며, 탈脫근대의 과제가 바로 존재론으로부터 관계론으로 전환하는 것이라고 주장합니다. 개인의 존엄성을 경시하는 관계론은 연고주의나 정실주의로 변질할 가능성이 큽니다. 관계론은 집단을 중시하는데, 이러한 세상이 바로 사회주의였고 전前근대 사회였습니다. 신영복의 주장은 탈근대가 아니라 전前근대로의 회귀인 셈입니다. 무엇보다도 좌파 사회주의와 반反자본주의, 반反시장경제의 틀에서 세상을 보는 신영복에게서는 '친북 사고와 친중 성향'이 글 곳곳에 배어 있습니다.

신영복은 1998년 〈월간 말〉 인터뷰에서 "전향서를 쓰긴 했지만 사상을 바꾼다거나 동지를 배신하는 일은 하지 않았으며, 통일혁명당에 가담한 것은 양심의 명령 때문이었고 향후로도 양심에 따라 통혁당 가담 때와 비슷한 생각으로 활동하겠다."라는 의견을 밝혔습니다.

대한민국에는 신영복을 좋아하는 사람이 많습니다. 문재인 전 대통령은 2018년 2월 9일 평창동계올림픽 개회식 축하 연회에서 김영남과 김여정이 있는 가운데 자신이 존경하는 사상가는 신영복 선생이라고 말했습니다. 문형배 헌법재판소 재판관은 자신의 SNS에 "신영복 교수 책은 거의 읽은 것 같은데 돌아가셨구나! 변화와 창조는 변방에서 일어난다는 그분 말씀에 공감했다."라고 적었습니다.

신영복을 추종하는 사람들은 좌파적 사고를 지닌 사람들 즉 운동권, 전교조, 민노총 등에 아주 많습니다. 이들은 자유민주주의와 자유시장경제에 부정적이며 사회주의에 경도된 시각을 갖고 있습니다.

이들은 평등사회를 추구하는 사회주의_{공산주의}가 의도는 좋았지만, 실행과정에서 문제가 있었으므로 방법만 바꾸면 사회주의가 뭐가 나쁘냐고 말합니다. 사회주의 환상을 버리지 못한 사람들입니다. 사회주의는 근본적으로 겉모습만 그럴듯한 사이비이자 사기이며, 사회주의 국가에서 분명하게 증명됐습니다.

사회주의의 핵심은 '계급 없는 평등한 사회, 즉 평등 분배'인데 그게 사기극인 이유는 간단합니다. △분배를 평등하게 하더라도 여기서 분배하는 사람과 분배받는 사람이라는 계급으로 나뉘게 되고 △살기 위해 분배받고 싶으면 노예처럼 충성해야 하며 △지식, 정보, 이권, 권력 등은 나눌 수 없어 결국 독점이 생기고 △나눠주기에 불충분한 자원 즉 최고급 음식과 제품은 권력층에만 돌아가게 되고 △특히 독재자가 아무리 잘못해도 견제할 수단이 없다는 것이 바로 사회주의가 사기극인 이유입니다.

다행히 2025년 현재 대한민국 2030세대는 글로벌 시각을 지니고 현실에 입각한 진짜 공부를 한 덕분인지 매우 현명한 판단을 내리고 있습니다. 어렸을 적부터 세계 여행과 체류를 통해 다양한 경험과 열린 사고방식을 갖게 되었고, 무엇보다도 물질문명과 정신 문화에서 선진국들은 모두 자유민주주의 시장경제 체제임을 직접 목격했기 때문입니다.

젊은 세대의 특징을 보면 그들은 △카톡 검열 등 개인 자유의 억압을 거부하고 △국민 1인당 25만 원 등 포퓰리즘은 미래의 빚이라고 싫어하고 △입시비리 등 불공정과 내로남불(내가 하면 로맨스, 남이 하면 불륜)을 극도로 혐오하며 △주 52시간 규제 등 반反기업법이 우리 경제를 망친다고 생각하며 △거짓말쟁이와 범죄자, 세금 도둑이 설치는 사회는 정의로운 사회가 아니라고 여깁니다. 운동권 세대, 전교조 세대와는 전혀 달리 자유민주주의와 시장경제를 사랑하고, 사회주의 국가인 북한과 중국에는 노골적으로 반감을 표시합니다. 그들의 목소리와 행동에서 대한민국 미래의 희망을 봅니다.

대한민국의 생존과 번영을 지속하려면 자유민주주의와 시장경제의 정체政體를 지켜야 합니다. 좌파적 사고를 하는 사람들에게 대한민국을 맡겨서는 곤란합니다.

좌파적 사고를 하는 사람들의 생각과 사고방식을 알려면 그 사상의 뿌리를 알아야 합니다. 좌파적 사고를 하는 사람들이 이념적, 사상적 선생으로 모시는 대표적인 인사가 신영복이고 그에 앞서 리영희가 있었습니다. 죽은 사람의 생각이 살아있는 사람에게 끼치는 영향은 쉽게 사라지는 게 아닙니다. 신영복과 리영희 두 사람은 고인이 되었으나, 사후에도 여전히 대한민국에 '어둡고 나쁜 기운'을 퍼뜨리고 있다고 하겠습니다. 카를 마르크스는 19세기인 1883년 사망했지만, 그의 잘못된 이념은 20세기 내내 전 지구에 걸쳐 인류사의 대ㅊ비극을 유발했고 21세기에 들어서도 여전히 악영향을 끼치고 있습니다. 엉터리 지식인의 폐해는 이렇게 시간과 공간의 측면에서 길고도 넓습니다.

이 책은 신영복의 『담론』에 관한 분석과 해부입니다. 좌파 사회주의자인 신영복의 생각과 글에 대해 조목조목 짚어봤습니다. 특히 신영복의 『담론』에는 그의 생각이 두루 담겨 있으므로, 『담론』을 분석·해부한 이 책을 차분하게 읽고 이해하면 여전히 좌파적 사고를 하는 사람들의 뒤틀린 국가관, 잘못된 역사관, 편협한 세계관 등을 알 수 있을 것입니다. 덧붙여서 본문의 끝에는 좌파 진영에서 '시대의 지성, 사상의 은사'로 떠받드는 리영희 전 한양대 교수의 민낯을 살펴보는 글을 실었습니다. '욕망과 게으름-이기주의의 두 얼굴'이라는 졸고도 포함했습니다.

지식의 한계로 내용이 다소 미흡하더라도 이 책이 독자 여러분의 생각과 사고의 지평을 조금이나마 넓히고, 대한민국의 밝은 미래를 여는데 조그만 밀알이 되기를 희망합니다.

2025년 3월
김상민

차례

부록

1

좌파적 사고를 이해하는 길

현대인의 조상인 호모사피엔스는 '슬기로운 사람'이라는 뜻으로, 약 20만 년 전 아프리카에 처음 등장했습니다. 이들은 혹독한 빙하기를 거치는 동안 들소, 매머드, 순록 등 인간보다 덩치가 큰 동물을 사냥하거나 채집 활동을 하며 살았습니다.

호모사피엔스의 생존은 집단생활 덕분에 가능했습니다. 집단을 이뤄야 거대한 짐승을 잡을 수 있고, 강력한 힘을 지닌 맹수를 물리칠 수 있었습니다. 소규모 부족 형태의 집단을 유지하는 데는 집단을 위한 충성심, 이탈자에 대한 징벌, 공동 생산과 공동 분배의 원칙이 필요했습니다. 개인보다 집단을 강조하고, 개인의 책임보다 사회적 책임을 강조하는 습성이 호모사피엔스의 삶과 두뇌에 오랫동안 자리 잡았습니다.

집단을 강조하는 인간의 의식은 1만2,000년 전 농업혁명이 시작된 이후에도 바뀌지 않았습니다. 국가가 출현하고 종교가 탄생한 이후에도 집단을 개인보다 우위에 두는 성향은 계속되었습니다.

동양에서는 황제나 왕을 중심으로 하는 전제정치가 지속되었고, 서양에서는 왕이나 교황을 중심으로 한 억압 정치가 계속되었습니다. 민주주의 발상지라는 그리스에서도 민주주의 정치는 잠깐 꽃피웠다가 사라졌습니다.

민주주의는 사람마다 독립적으로 생각하고 행동하는 개인을 기반으로 합니다. 사람들이 서로를 자율적인 존재, 평등한 존재로 인식하는 곳에서 민주주의가 탄생하고 지켜질 수 있습니다. 위계질서, 계급의식, 집단주의에 매몰된 사회에는 진정한 의미의 '독립된 자아, 즉 개인'이 있을 수 없습니다.

현대 민주주의가 싹트고 발전한 영국이나 프랑스에서 '개인'이라는 단어는 15세기경 등장합니다. 이러한 개인들이 각자 주권을 행사해서 만들어 나간 게 바로 국가입니다. 민주주의 국가라면 당연히 '독립된 개인'을 기반으로 합니다. 대한민국 헌법 제10조를 보면 '모든 국민은 인간으로서의 존엄과 가치를 가지며, 행복을 추구할 권리를 가진다. 국가는 개인이 가지는 불가침의 기본적 인권을 확인하고 이를 보장할 의무를 진다.'라고 되어 있습니다. 여기에서도 '독립된 개인의 기본적 인권'을 강조합니다.

사람이란 독립된 개인의 삶과 공동체 구성원의 삶을 동시에 갖고 있습니다. 개인주의적 본성과 집단주의적 본성, 즉 인간은 개인적 존재인 동시에 집단적 존재라는 것은 영구불변의 인간 존재 방식입니다. 인간 생활의 기본내용은 모두 두 가지 인간의 본성을 실현하기 위한 활동입니다.

우리 헌법도 개인의 자유를 중시하면서도 동시에 대한민국이라는 국가 공동체의 유지와 발전을 강조하고 있습니다. 이를 위해 국민에게 '납세의 의무와 국방의 의무'를 강제적으로 부과합니다.

여기서 생각해야 할 핵심은 '개인의 가치와 공동체 가치' 가운데 무엇을 중시하느냐입니다. 개인의 가치를 중시하는 사회가 자유민주주의이자 우파적 사고이며, 공동체의 가치를 중시하는 사회가 사회주의이자 좌파적 사고입니다.

자유민주주의적 사고를 하는 사람은 자신의 목표와 발전에 관심이 많습니다. 자기보다 앞서는 사람을 본받으려고 합니다. 이러한 사람들이 모인 나라는 창의성과 효율성이 극대화되어 경제가 발전합니다.

좌파적 사고를 하는 사람은 타인의 목표에 관심이 있으며, 타인이 앞서가는 사실을 참지 못합니다. 자기보다 앞서는 사람을 시기하고 질투합니다. 좌파적 사고를 하는 나라는 개인의 행복보다는 전체를 위한 통제를 우선합니다.

독립된 개인을 기반으로 하는 민주주의 국가에서 공동체 우선주의가 일정 선을 넘으면 안 됩니다. 개인의 창의성과 효율성이 사라지면서 사회가 망하고 나라가 망하기 때문입니다. 사회주의 국가, 공산주의 국가가 대표적인 사례입니다.

그런데도 호모사피엔스의 유전자DNA에 깊이 각인된 공동체 우선의 좌파적 사고는 뿌리 깊게 남아 있습니다. 특히 책으로만 공부하는 지식인 가운데 이런 사람들이 많이 보이는데, 대한민국에서는 리영희 1929~2010와 신영복1941~2016을 대표적인 인물로 꼽을 수 있습니다. 이들은 평생 좌파적 사고를 하면서 친중국, 친북한 행태를 보였습니다. 그들은 1980년대 운동권과 전교조, 민주노총 등에 상당한 영향을 끼치면서 대한민국의 발전에 걸림돌이 된 만큼 그들의 생각을 잘 알아둘 필요가 있습니다.

신영복은 대한민국 좌파진보학계를 대표하는 경제학자이자 문학가로 꼽히는데, 젊은 시절 통일혁명당 사건으로 20년간 징역을 살았으며 수감 생활 당시 가족에게 보낸 편지를 엮어 낸 『감옥으로부터의 사색』으로 이름을 알렸습니다.

신영복이 대한민국에 남긴 유산은 어떤 의미를 지닐까요?

그가 남긴 말 가운데 "함께 맞는 비, 돕는다는 것은 우산을 들어 주는 것이 아니라 함께 비를 맞는 것입니다."라는 게 있습니다. 왠지 그럴 듯한데 뭔가 공허하고 알맹이가 없습니다.

신영복의 표현을 그대로 빌린다면 '배가 고픈 사람을 돕는 것은 먹을 것을 주는 게 아니라 같이 굶는 것입니다'라고 해야 할까요? 신영복은 '돕는 것'의 요체가 '공감하는 것'이라고 생각하며, 불평등하게 잘 사는 것보다 우산도 없이 평등하게 가난해지는 것일까요?

이 대목에서 윈스턴 처칠의 "자본주의의 고유한 결점은 혜택축복의 불평등한 분배에 있으며, 사회주의의 고유한 미덕은 곤궁불행의 평등한 분배에 있다."가 생각납니다.

세상을 비뚤어지게 바라본 신영복을 노무현, 문재인, 안희정, 정청래, 손혜원, 심상정, 노회찬, 고민정 등 많은 정치인이 존경한다고 했습니다. 신영복을 존경하는 사람들은 대체로 더불어민주당 등에 속해 있고, 그들이 집권했던 시절 많은 정책은 '좌파 성향, 사회주의 성향'을 보였습니다. 현실에 전혀 맞지 않아 불평등만 심해지도록 한 소득주도성장, 전기요금만 올리게 한 탈원전, 집값 상승을 불러온 때려잡기식 부동산 규제 등이 대표적입니다.

신영복 같은 인물이 미친 영향은 정치권에만 그치지 않습니다. 문형배 헌법재판관은 자기 생각을 글로 남겼는데, 그도 존경하는 인물로 신영복을 꼽았습니다. 그는 SNS에 "우리법연구회 내부에서 제가 제일 왼쪽에 자리 잡고 있을 것.2010년 5월 16일"이라고 했으며, "신영복 교수 책은 거의 읽은 것 같은데 돌아가셨구나! 변화와 창조는 변방에서 일어난다는 그분 말씀에 공감했다.2016년 1월 16일"라고 적기도 했습니다. 신영복리영희도 포함 같은 인물을 존경한다는 사람들은 경제를 키우기보다 그저 나눠 먹기에 방점을 주고, 노력해서 쌓은 건강한 부까지 부정하면서 '기본소득' 등 포퓰리즘을 선호합니다. 포퓰리즘은 대중의 인기에만 영합하는 정치사상을 말합니다.

포퓰리즘 정치인들은 눈앞의 인기만 생각하므로 장기적인 문제는 외면합니다. 대표적인 포퓰리즘 정책으로 국민 세금으로 마련된 재정으로 공짜 지원 남발, 고용자를 고려하지 않은 임금인상, 시장원칙을 무시한 가격 및 환율통제 등이 있습니다. 포퓰리즘 정치인들은 '무상지원, 반값 제공' 등의 구호를 즐겨쓰는 데, 나라를 망치는 포퓰리즘 정치인과 정상적인 정치인을 구분하는 게 현대 민주주의의 과제가 되었습니다.

이들은 자유민주주의를 지향하는 미국이나 일본에 대해 부정적인 시각을 갖고, 사회주의 체제이자 일당 독재국가인 중국이나 북한에 우호적입니다.

왜 그런 것일까요? 대한민국의 현재와 미래를 생각하는 사람들은 지금 우리 사회에 뿌리 깊은 '사회주의 성향, 자유보다는 평등을 우선하는 사고'의 뿌리가 어디인지 알 필요가 있습니다. 좌파 성향의 사람들이 어떻게 해서 자유민주주의와 시장경제에 적대적 성향을 지니게 되었는지 깊이 있게 이해해야 하겠습니다.

다행히 우리 사회의 미래를 만들어갈 2030세대는 운동권 세대, 전교조 세대와 크게 다릅니다. 이들은 어렸을 때부터 세계에 대한 경험을 쌓으면서 '열린 사고'를 하게 되었고, 허황한 구호나 이념보다는 실용적이고 현실적인 방안을 선호하고 있습니다. 이러한 젊은 세대들이 신영복의 좌파적 사고가 지닌 문제점을 정확히 파악하고, 자유민주주의와 자유시장경제의 가치를 최우선시하는 모습을 보여 든든합니다.

2

'공감'이란 말의 한계

신영복은 자신의 글에서 공감을 매우 강조합니다. 그 이유에 대해 다음처럼 얘기합니다. 언뜻 들으면 정말 그럴듯합니다.

"사람의 생각은 자기가 살아온 삶의 결론입니다. 나는 20년의 수형 생활 동안 많은 사람들과 만났습니다. 그 만남에서 깨달은 것이 바로 그 사람의 생각은 그 사람이 걸어온 인생의 결론이라는 것이었습니다. 대단히 완고한 것입니다. 다른 사람이 설득하거나 주입할 수 있다고 생각하면 안 됩니다."

신영복이 수형 생활 동안 만난 사람은 어떤 사람들일까요? 어떤 이유에서든 범죄를 저지르고 사회와 격리된 사람들입니다. 그들은 교도소 안에서 다람쥐 쳇바퀴 돌리는 것과 비슷하게 생활합니다. 보고 들은 게 단조로우니 생각의 지평이 넓어지기 어렵습니다. 세상은 시시각각 변하는데 변화의 물결을 타지 못하니 완고한 성격, 외골수의 성격이 되기 쉽습니다.

평범한 일상을 살아가는 '착한 시민'은 변화의 흐름에 민감합니다. 변화에 뒤처지면 도태될 가능성이 커지고 삶이 팍팍해지기 때문입니다. 일상을 살아가는 시민들은 자연스럽게 생각이 유연해지고 적응력이 높은 성격을 지니게 됩니다. 교도소에 갇힌 사람에 비해 모나지 않습니다.

신영복은 교도소에서 만난 '완고한 사람들'의 완고한 성격을 바꿀 수 없으니 공감해야 한다고 말합니다. 그는 다음과 같이 적었습니다.

"공감, 매우 중요합니다. '아! 당신도 그런 생각을 하고 있었구나.' 이것은 가슴 뭉클한 위로가 됩니다. 위로일 뿐만 아니라 격려가 되고 약속으로 이어집니다. 우리의 삶이란 그렇게 짜여 있습니다. 에피쿠로스는 우정이란 음모라고 합니다. 음모라는 수사가 다소 불온하게 들리지만, 근본은 공감과 다르지 않습니다. 정작 불온이라는 것은 우리를 끊임없이 소외시키는 소외구조 그 자체입니다. 그러한 현실에서 음모는 든든한 공감의 진지陳地입니다. 소외구조에 저항하는 인간적 소통입니다. 글자 그대로 소외를 극복하는 것입니다. 우리의 교실이 공감의 장이 될 수 있기를 바랍니다."

신영복의 표현처럼 우리는 공감하고 거기서 끝내야 할까요? 억울하게 죽어간 영혼들을 향해 "너를 영원히 기억할게"라고 말하고, 비가 몰아치는 상황에서 우산을 씌워주는 대신에 같이 비를 맞아주면 끝나는 걸까요?

경제학의 창시자인 애덤 스미스는 『도덕감정론』이라는 책에서 "나의 행복을 위해 남을 불행하게 해서는 안 된다"라면서, 사람의 이기심이 아닌 타인과 공감하는 능력을 강조했습니다. 사람들은 자신이 속한 사회에 관한 관심과 애정을 본능적으로 갖고 있으며, 인간이 자기 행복만 추구하는 게 아니라 본성적으로 이타심의 원리에 기초하여 다른 사람들의 행복에도 관심을 지닌다는 것입니다.
애덤 스미스는 이렇게 말합니다.

"우리 자신의 행복에 관한 관심은 우리에게 신중의 덕성을 권장하고, 다른 사람의 행복에 관한 관심은 정의와 자혜의 덕성을 권장한다. 후자의 미덕 가운데 정의는 우리가 타인에게 침해를 끼치지 않도록 억제하며, 자혜는 타인의 행복을 촉진하도록 고무시킨다."

그렇지만 사람의 공감에는 한계가 있습니다. 공감의 한계에 대해 애덤 스미스는 『도덕감정론』에서 다음과 같은 사례를 듭니다.

"중국이란 대제국이 그 무수한 주민과 함께 갑자기 지진으로 사라져버렸다고 상상해 보자는 겁니다. 대부분의 유럽의 인도주의자들은 그 불행에 대한 강한 비애를 표명할 것이나, 그 이후에는 평소와 다름없이 느긋하고 편안한 저녁을 보낼 것이다. 만약 그가 내일 자기의 새끼손가락을 잘라버려야 한다면 그가 이렇게 (편안하게) 밤을 보낼 수는 없다. '이 거대한 대중의 파멸은 분명히 그 자신의 하찮은 비운보다 관심을 끌지 못하는 대상'인 것이다."

그렇습니다. 인간의 본성 중에서 가장 중요하고 민감한 부분은 타인에 대한 공감이 아니라 자기 자신에 관한 관심과 자기보존 욕구입니다. 인간은 기본적으로 본인의 행복에 가장 큰 관심을 지니고 있으며, 자기보존을 위해 쾌락을 추구하고 고통을 회피하려고 합니다. 여기서 필요한 덕목이 신중의 덕성으로, 본인의 행복·보존·안락에 관여하는 '신중의 덕목 대상'은 건강·재산·지위·평판입니다. 신중한 사람은 미래의 더 큰 안락과 행복을 위해 현재의 직접적인 쾌락과 기쁨을 절제할 수 있으며, 자기 행복을 위해 의무가 요구되는 본인의 일에 몰두하게 됩니다.

사람들은 '공감하는 존재이면서 동시에 본인의 즐거움을 추구하는 존재'입니다. 이는 어떤 특별한 이념이나 사상을 지녔느냐와 무관합니다. 과거 5.18 행사에 참석했던 운동권 출신 정치인들이 밤에는 유흥 주점에서 놀았습니다. 정의와 공정을 외치는 사람들이 자기 이익을 위해 부동산에 투자하고, 자녀 교육을 위해 입시 문서를 조작합니다. 이는 본인의 이익과 즐거움을 추구한 결과였습니다.

그런데도 우리 사회는 공감하지 못하는 사람들을 '비정한 인간'이라고 매도합니다. 과연 그럴까요?

'경영의 신'으로 불린 이나모리 가즈오는 일본 교세라의 창업주이자 일본항공의 회장을 지냈습니다. 육종학자인 우장춘 선생의 넷째 딸인 아사코가 그의 부인으로 한국과도 연결돼 있습니다. 그는 2010년 일본항공이 파산하자 "제발 일본항공을 살려 달라!"는 일본 정부의 간청을 받았습니다. 그는 단 3명의 측근만 데리고 들어가 13개월 만에 흑자로 전환시켰습니다. 일본항공의 방만한 경영을 바로잡고, 대규모 인력 구조조정을 하면서 거센 반발을 사기도 했습니다. 이나모리 가즈오는 이때 "소선小善은 대악大惡과 닮아있고, 대선大善은 비정非情과 닮아있다."라는 명언을 남겼습니다.

기업의 생존은 대선에 해당하므로 '인력 구조조정'과 같은 비정한 행동도 불사해야 한다는 것입니다. 만약 직원들이 불쌍하다고 여기면서 그들을 모두 데리고 가는 소선을 행한다면 결국 기업은 파산해 모든 직원이 직장을 잃는 사태 즉 대악의 결말로 간다는 게 그의 지론입니다.

상대방 처지에서 생각하고 상대방 의견을 경청하는 공감은 세상을 살아가는 데 매우 필요한 덕목입니다. 그렇다고 해서 공감이 지나치는 것도 곤란합니다. 공감이 공감에서만 그쳐서는 아무런 변화나 발전이 일어나지 않습니다. 특히 '공감의 무기화' 즉 "넌 왜 공감하지 못하는 건데?"라며 타인을 공격하는 수단이 될 수도 있습니다. 이나모리 가즈오는 '공감의 한계'를 분명하게 직시했기에 '경영의 신'으로 불렸고 궁극적으로 많은 사람의 존경을 받을 수 있었습니다.

3

계몽주의는 진짜 쓸모없는가?

인류는 오랜 기간 비참하고 불결한 삶을 살았습니다. '만물의 영장'으로 등극하기까지 매우 고달픈 세월을 보냈습니다.

앵거스 디턴 프린스턴대 교수의 저서 『위대한 탈출 : 불평등은 어떻게 성장을 촉발시키나』에는 '과거에는 어떻게 살다가 죽었나'라는 부분이 있는데 대략 다음과 같은 설명이 나옵니다.

"인간이 존재한 시간의 95%에 해당하는 수십만 년이라는 세월 동안, 사람들은 수렵 및 채집으로 생활했다. 먹잇감을 쫓아 빠른 속도로 하루에 16~24킬로미터를 걸었을 것으로 추정한다. 먹거리가 부족할 때는 인구를 줄이기 위한 영아 살해 풍습도 있었으며 신생아 중 약 20퍼센트가 첫 해를 넘기지 못하고 사망했다."

인류는 농업의 발전 이후에도 가난과 굶주림을 벗어나기 힘들었습니다. 산업혁명에 성공한 나라는 가난을 먼저 벗어난 반면, 21세기인 지금도 아프리카 등에서는 기아로 허덕이는 사람들이 많습니다. 대한민국도 경제개발 초기인 1960년대까지 보릿고개라는 말이 일상 언어로 쓰였습니다.

세계 각국이 굶주림에서 벗어나기까지 오랜 시간이 걸렸습니다. 중세 말기의 르네상스, 16~17세기의 근대 과학혁명, 17~18세기의 계몽주의, 그리고 산업혁명 등을 거치며 눈부신 성장을 이뤄냈고 그 결과 지금은 기아와 역병을 극복하고 평균 수명 80세가 넘는 장수 시대를 누리고 있습니다.

그런데도 신영복은 계몽주의에 대해 이렇게 비난합니다.

"계몽주의의 프레임을 허물어야 합니다. 계몽주의는 상상력을 봉쇄하는 노인 권력입니다. 생생불식生生不息, 끊임없이 변화하는 세상에서 온고溫故보다 창신創新이 여러분의 본령本領입니다. …계몽주의의 모범과 강의 프레임은 이 모든 자유와 가능성을 봉쇄합니다."

신영복이 '상상력을 봉쇄하는 노인 권력'이라고 부르는 계몽주의는 뭘까요? 계몽주의는 프랑스어로 뤼미에르Lumières인데 '빛'이란 뜻입니다. 프랑스와 영국을 기점으로 유럽 전역에 유행했던 문화적, 철학적, 문학적, 지적 사조입니다. 대표적인 학자로 합리주의 철학자인 바뤼흐 스피노자, 자유민주주의 정치사상가인 존 로크, 만유인력으로 유명한 아이작 뉴턴 등이 있습니다.

계몽주의는 이성을 통해 사회의 무지를 타파하고 현실을 개혁하자는 일종의 사상운동이었습니다. 그들이 깨부수고 싶어 한 전근대적인 어둠이란 전근대적이며 봉건적 권력, 종교적인 권위, 특권, 부정, 압제, 인습, 전통, 편견, 미신 등이었습니다. 전근대적인 어둠을 물리치고, 밝은 이성을 비추자는 것이었습니다.

그들은 기존의 사회 형태와 전통적인 사고방식을 냉정하게 비판했습니다. 그들이 생각한 민주주의, 그들이 중시한 자연법 중심의 법치 사상, 그들이 확립한 과학적 세계관은 세상을 보는 시각을 통째로 바꿨습니다. '종교와 전제의 압박'에 시달리던 사람들은 오랜 무지에서 깨어났고, 계몽주의를 기반으로 미국혁명과 프랑스혁명이 일어나며 산업혁명이 생겼습니다. 인류는 '자유를 기반으로 한 진정한 시장경제資本主義의 장점을 깨달았고, 19세기 이후 급격한 경제성장을 이룰 수 있었습니다.

서유럽과 달리 동양에서는 계몽주의가 없었습니다. 17~18세기 조선의 실상을 보면 주자학의 굴레, 왕이라는 전제의 굴레에서 벗어나지 못했습니다. 중국과 일본도 크게 다르지 않았습니다. 17세기까지 강력한 힘을 자랑하던 동양권은 '계몽주의로 무장한 서양 세력'에 밀려 온갖 수모를 겪었습니다.

신영복이 '노인 권력'이라고 부르는 계몽주의를 부정하는 말을 긍정적으로 해석한다면 '계몽주의에 머물지 말고 그 너머의 세계로 나아가자!'라고 할 수도 있겠습니다. 그렇지만 신영복의 표현을 보면 왠지 계몽주의를 깎아내리는 것 같습니다. 사실 서양권에서 계몽주의의 긍정적인 면을 부정하고 나타난 게 19세기의 사회주의와 공산주의입니다. 자유주의적이고 개인주의적인 인간관을 부정적으로 본다는 측면에서 신영복의 계몽주의 폄하는 사회주의와 공산주의의 미화가 목적일지도 모르겠습니다.

계몽주의는 인류의 역사발전 과정에서 주춧돌의 하나가 된 '매우 중요한 사조思潮'입니다. 계몽주의자들의 활약이 있었기에 인류는 크나

큰 지적 도약을 이뤄낼 수 있었습니다. 인류는 '과거-현재-미래'로 이어지는 시간적 존재입니다. 과거를 부정하면서 현재를 생각하기 힘들고, 과거와 현재를 부정하면서 미래를 만들 수도 없습니다.

사람은 전통과 유산을 안고 살아가는 존재입니다. 특히 우파적 사고를 하는 사람들은 오랜 시간 축적돼온 지식과 지혜를 매우 중시합니다. '오늘을 사는 우리'는 어느 날 하늘에서 뚝 떨어진 존재가 아니기 때문입니다. 그런 면에서 점진적인 변화를 추구합니다.

반면에 좌파적 사고를 하는 사람들은 하루아침에 세상을 바꿀 수 있다고 여깁니다. 20세기의 사회주의 물결은 소련, 중국, 베트남, 캄보디아, 북한 등에서 비극의 역사를 만들었는데, 그들은 '인간 개조'가 가능하다고 생각했습니다. 사회주의를 따르지 않은 사람은 반동분자로 몰아 고문하고 처형했습니다.

사회주의의 비인간성은 전쟁터에서 적군에게 잡힌 자국 포로의 대우에서 극명하게 나타났습니다. 2025년 2월 20일 자 조선일보에는 이런 기사가 실렸습니다.

"히틀러가 1941년 6월 소련을 침공했다. 불가침 조약을 믿었던 소련군은 개전 초에만 300만 명이 포로로 잡혔다. 격노한 스탈린이 그해 8월 '명령 270호'를 내렸다. '항복한 자는 즉결 처분하고 가족도 체포한다.'는 내용이다. 그러자 1942년 독일군에 붙잡힌 소련군 장군이 포로들로 스탈린 타도를 위한 '러시아 해방군'을 조직하기도 했다. 이판사판이 된 것이다. 의심이 병적이던 스탈린은 포로가 된 소련군을 반역자, 간첩으로 간주했다. 자기 장남이 포로가 됐는데도 교환 협상을 거부해 죽게 만들었다. …2차 대전 후 소련군 포로 중에 소련으로 돌아가지 않으려고 송환 열차에서 자살하거나 뛰어내리는 사람들이 속출했다.”

“일제 관동군이 1939년 몽골 인근 노몬한에서 소련군과 전면전을 벌였다. 일본군이 거의 전멸했는데 수백 명은 포로가 됐다. 당시 일본 군국주의는 항복과 후퇴를 최대의 수치라고 세뇌하고 있었다. 일본군 사령부는 어렵게 살아 돌아온 포로를 탈영병, 탈주범과 같이 취급했다. 장교에겐 자살을 강요하기도 했다. 생존 포로는 나중에 ‘우리는 사람이 아니라 총알이었다,’고 했다.”

“6·25때 중공군 포로는 2만2,000여 명이다. 이 중 1만4,000여 명이 대만행을 선택하고 8,000여 명이 중국으로 돌아갔다. 중국으로 돌아간 포로들은 ‘왜 살아서 왔느냐’는 질책과 함께 혹독한 심문을 받았다. 그중 공산당원 2,900여 명의 92퍼센트는 해당 혐의자로 찍혀 당적을 빼앗겼다. 문화대혁명 시절 배신자 간판을 목에 걸고 조리돌림당하다가 목숨을 잃는 경우도 많았다. ‘포로 때가 더 좋았다.’고 말할 정도였다.”

“스탈린 독재, 일본 군국주의, 중공 전체주의가 포로를 변절로 보는 것은 사람을 인간으로 보지 않고 목적을 위한 수단으로 보기 때문이다. 소용을 잃은 수단은 폐기된다. 2차 대전 때 미국·영국 등 연합군 포로는 나중에 자국에서 영웅 대접을 받았다.”

“우크라이나군에 붙잡힌 북한군 병사는 전투 중 턱과 팔에 큰 부상을 입고 어쩔 수 없이 포로가 됐다. 그는 '인민군에서 포로는 변절이나 같다.'고 했다. '수류탄이 있었으면 자폭했을지도 모르는데.'라고 했다. 사람을 인간으로 보지 않고 수단으로 보는 정도를 따지면 북한 김씨 왕국이 첫째일 것이다."

전쟁터에서 목숨 걸고 싸우다가 어쩔 수 없이 적군에게 붙잡힌 장병을 배신자로 내모는 나라. 그런 국가에서 일반 대중은 어떤 취급을 받았을까요?

사회주의 국가에서는 계몽주의가 추구했던 인간 존중이 온데간데없이 사라졌으며, 그들의 땅은 전근대적인 독재와 압제의 거대한 감옥이 되었습니다. 반계몽주의의 극치가 바로 사회주의였습니다. 그런 면에서 계몽주의를 부정하는 신영복의 인식은 매우 위험하다고 볼 수 있습니다.

4

'함께 한다'라는 게 과연 지혜의 길?

사람은 근력 측면에서 약하기 때문에 생존 차원에서도 홀로 살기 어렵습니다. 인류의 출현 시기부터 늘 함께 살아왔습니다. 아프리카 초원에서도 사자 등에 비해 상대적으로 힘이 약한 원숭이, 하이에나, 들개 등은 크게 무리를 지어 삽니다.

사람은 본능적으로 무리를 짓기를 좋아합니다. 혈연, 학연, 지연은 물론이고 직장, 시험 기수, 군대를 인연으로 맺어지는 사람도 많습니다. 각종 취미를 중심으로 한 동호회도 헤아릴 수 없을 만큼 많습니다.

사람들이 늘 집단을 이루고 지내다 보니 자연스럽게 '사회, 공동체, 연대'라는 단어를 긍정적으로 받아들입니다. 문제는 이러한 집단의식이 '무책임 사회'를 만든다는 사실입니다. 좌파적 사고가 강한 나라나 집단이 '무책임의 극치'를 보이는 게 이를 잘 증명해줍니다. 실제로 좌파 성향이 강한 아르헨티나와 베네수엘라 등은 물론 남유럽 국가들이 북유럽보다 훨씬 책임감이 약합니다.

신영복은 『담론』에서 이렇게 주장합니다.

"'함께'는 지혜입니다. 영국의 과학자이며 우생학의 창시자인 프랜시스 골턴이 여행 중에 시골의 가축품평회 행사를 보게 됩니다. 그 행사 가운데 소의 무게를 알아맞히는 대회가 열리고 있었습니다. 사람들이 표를 사서 자기가 생각하는 소의 무게를 적어서 투표함에 넣는 것입니다. 나중에 소의 무게를 달아서 가장 근접한 무게를 써넣은 사람에게 소를 상품으로 주는 행사였습니다. 골턴은 사람들의 어리석음을 확인하는 재미로 지켜보았습니다. 물론 정확하게 맞힌 사람은 없었습니다. 그런데 놀라운 것은 800개의 표 중 숫자를 판독하기 어려운 13장을 제외한 787개의 표에 적힌 무게를 평균했더니 1,197파운드였습니다. 실제로 측정한 소의 무게는 1,198파운드였습니다. 군중을 한 사람으로 보면 완벽한 판단력입니다. 우파 우중론자愚衆論者인 골턴에게는 충격적이었습니다. 집단의 지적 능력과 민주주의에 대해 다시 생각할 수밖에 없었습니다.”

신영복은 이 글에서 은근히 ‘우파는 멍청하다’라는 생각을 드러내고 있습니다. 프랜시스 골턴이 ‘우파 우중론자’였다는 사실을 일부러 표기하고 있습니다. 집단과 공동체를 우선하면서 우파를 깎아내리려는 좌파적 사고의 한 단면으로 보입니다.
‘집단 지성’을 강조한 책으로 제임스 서로위키의 『대중의 지혜』가 있습니다. 여기에는 구슬 숫자 맞추기 실험의 사례가 나옵니다. 한 교수가 유리병에 유리구슬 850개를 넣고 학생들에게 보여준 다음 구슬의 정확한 숫자를 맞춰보라고 했는데, 학생들이 낸 답변의 평균값은 871개였습니다. 흥미롭게도 전체 학생의 답변 중 이보다 정확하게 맞춘 답변은 없었다고 합니다.

그렇다면 과연 '집단의 지적 능력'은 개인의 능력보다 우수한 걸까요?

한때 기업에서 브레인스토밍brain storming이 유행했습니다. 브레인스토밍은 대안을 만들어 낼 때 3인 이상이 모여 자유롭게 아이디어를 내놓는 회의 방식을 뜻합니다. 그런데 요즘은 브레인스토밍이 별로 인기가 없는 것 같습니다. 브레인스토밍을 하게 되면 아이디어를 낸 사람은 소수이고 '숟가락 얹는 사람 즉 무임승차자'가 대부분이기 때문일 겁니다.

이건희 삼성 회장은 '천재 1명이 10만 명을 먹여 살린다'라고 말했습니다. 그건 무임승차를 일삼으려는 사람, 아이디어가 별로 없는 평범한 사람이 10명 혹은 100명이 모여도 "쓰레기가 들어가면 쓰레기가 나온다."라는 말처럼 좋은 결과가 나오지 않기 때문입니다.

오버추어는 1997년 출범한 미국의 검색광고업체로 2001년만 보면 검색 광고시장의 확실한 일인자였습니다. 구글이 8,500만 달러의 수익을 올렸을 때, 오버추어는 2억 8,800만 달러의 수익을 달성했습니다. 그러다가 구글의 제프 딘이라는 인물이 소프트웨어 엔진의 정확도를 혁신적인 수준으로 개선하면서 구글의 수익이 크게 개선되었습니다. 오버추어는 2003년 야후!에 인수되고 점차 기억에서 잊힌 신세가 되었습니다. 뛰어난 한 명이 거대 집단을 물리친 놀랄만한 승리였습니다.

현대 인공지능AI 세계를 통틀어 가장 중요한 혁신으로 꼽히는 구글의 '트랜스포머' 기술 개발도 소수의 인재 덕분이었습니다. 2017년 구글 연구진 8명이 논문을 냈는데, 이 기술 덕분에 AI가 문장의 맥락을 이해할 수 있게 되었습니다. 이후 나온 모든 생성형 AI가 이 트랜스포머 기반이었습니다.

고전 물리학에서 아이작 뉴턴과 제임스 맥스웰, 20세기의 알베르트 아인슈타인 등은 정말 대단한 천재들이었습니다. 어지간한 과학자 수십 명보다 더 위대한 업적을 남겼습니다.

집단의 힘을 강조한 신영복이 진짜 착각한 게 또 있습니다. '함께=지혜'라고 했는데, 『담론』에서 사례로 든 '소 무게 맞추기'는 단순한 평균 찾기에 불과합니다. 그걸 잘 맞혔다고 해서 지혜가 있다고 하는 건 이치에 맞지 않는 말을 억지로 끌어다 붙인 격입니다. 지혜는 단순한 평균 숫자 찾기나 한일전 축구 경기의 점수 맞추기가 아닙니다. 지혜는 '사물의 이치를 빨리 깨닫고 사물을 정확하게 처리하는 정신적 능력'을 말하는데, 과연 사람만 많이 모인다고 지혜가 많이 쌓이는 걸까요? 그렇다면 인구가 많은 인도, 중국이 가장 지혜로운 국가가 돼야 하지 않을까요?

세상의 문제는 집단 지성으로 해결할 수 있는 게 있고, 그렇지 않은 게 있습니다. 대중의 생각이 편향됐다면 그건 집단 지성이 아닙니다. 집단으로 광기에 휩싸이거나 정치적인 힘을 발휘하는 대중은 지혜롭다고 하기 어렵습니다. "사공이 많으면 배가 산으로 간다."라는 속담도 있으며, "뛰어난 두 명의 지휘를 받는 군대보다는, 어리석을지언정 한 명의 지휘를 받는 군대가 낫다."라는 나폴레옹의 말도 있습니다.

문제는 신영복 같은 좌파적 사고를 하는 사람들이 집단 즉 '함께, 연대, 공동체' 등을 외치면서 그게 마치 민주주의의 핵심인 양 포장하는 것입니다. 집단의 힘, 즉 다수결의 원칙이 민주주의라면 '다수가 동의해서 한 개인의 재산을 빼앗아 나눠 가지는 행동도 정당하다'라는 기묘한 결론에도 이를 수 있습니다. 사회주의 국가의 인민재판이 그런 식으로 이뤄졌고, 수많은 지식인과 부자들이 억울하게 희생되었습니다.

사회주의는 자유주의적이고 개인주의적인 인간관에 대한 반발로 나타났습니다. 사회주의는 인간이 사회적 존재로서 경제, 문화, 물질적으로 상호의존적이며 인간의 의식은 사회적 존재로부터 나온다고 보았습니다. 신영복과 그를 존경하는 사람들은 이러한 사회주의식 사고방식으로 세상을 보는 것 같습니다. 대한민국의 좌파 인사들이 교육에서 평준화를 강조하고 특수목적고등학교특목고를 폐지하려는 것도 집단을 강조하는 사고방식에서 나왔다고 할 수 있습니다. 이들은 개인의 다양성을 존중하고 창의력을 키우는 맞춤형 교육에 거부감을 보였습니다. 그러면서도 특목고 폐지를 부르짖던 인사들은 자녀를 특목고 보내는 데 앞장서는 내로남불 행태를 보였습니다.

현대 경영학의 아버지로 불리는 피터 드러커는 자서전 서문에 이렇게 설명했습니다.

"나는 어린 시절부터 인간의 다양성에 매료됐다. 그리고 지금까지 나름대로 흥미로운 점을 갖고 있지 않은 사람은 단 한 번도 만난 적이 없다. 모든 사람은 결국 개별적인 존재다. …나는 인간이 다양성과 다원성을 가지며 모든 인간은 나름대로 독창성을 갖고 있다고 믿는다."

우리 사회는 인간의 다양성과 독창성을 키워줘야 할까요, 아니면 개인의 특성을 꽉 누르고 기계에서 물건 찍듯이 비슷비슷한 사람을 양산해야 할까요?
민주주의는 개인의 기본권이 중요하며 다수결에 앞서 '법치'가 중요합니다. 법을 통해서 다수결의 횡포로부터 소수와 약자의 권리를 지켜주는 게 민주주의이고, 그래서 대한민국의 헌법에 그냥 민주주의가 아니라 자유민주주의라고 하는 것입니다.
한때 민주당 일각에서 헌법의 자유민주주의에서 '자유'를 빼자고 주장한 적이 있는데, 이들에게는 개인의 자유보다 다수의 의지가 더 중요했기 때문입니다. 전형적인 좌파적 사고라고 할 수 있겠습니다. 북한의 공식 명칭이 '조선 민주주의 인민공화국'인데, 대한민국 헌법에서 자유가 빠지면 북한과 어떤 차이가 있을까요?
'함께, 연대, 공동체' 등을 강조하다 보면 대한민국 내에 '무책임 풍조'가 만연할 수 있습니다.
'모두의 책임은 누구의 책임도 아니다'라는 게 세상의 진실입니다. 예컨대 미국에서 무차별 총격 사건이 나면 미국 사회는 진범을 가리고 진실을 보도하는 데 앞장섭니다. 반면 한국 사회는 '이런 일이 벌어진 것은 우리 사회 전체가 반성할 일이다'라는 식으로 말하고 보도합니다. 영국에서 교통사고가 나면 누가 책임이 있는지 철저하게 과실 여

부를 가립니다. 한국에서 교통사고가 나면 많은 경우 '쌍방 과실50대 50 혹은 60대 40'이란 방식으로 처리합니다. 그러다 보니 진실을 가리기보다 상호 말싸움이 더 커지는 경우가 많습니다. 과연 어느 나라가 일을 더 현명하게 처리하는 걸까요?

진정 대한민국을 생각하는 사람이라면, 개인 각자가 지식과 지혜를 쌓도록 하고 그걸 국가와 사회를 위해 쓰는 방안이 무엇인지 '구체적이고 실천적인 방안'을 내놓아야 합니다. 그저 '함께'와 '연대'만 외친다고 세상은 저절로 좋아지지 않으며 대한민국이 도약하지도 않습니다.

5

'변화와 창조는 변방에서 이뤄진다'는데
변방을 무시하는 나라는?

문형배 헌법재판관이 자기 SNS에 이렇게 썼습니다.

"『감옥으로부터의 사색』에서 『담론』까지 신영복 교수 책은 거의 읽은 것 같은데 돌아가셨구나! 변화와 창조는 변방에서 일어난다. 단 중심부에 대한 콤플렉스가 없어야 한다는 그분 말씀에 공감했다. 영면하시기를 빈다."

문형배가 공감한 신영복의 변방에 관한 이야기는 꽤 설득력이 있습니다. 중심부에서 기득권을 누릴 때 이에 대한 반발 즉 변화와 창조의 열망은 기득권을 갖지 못한 주변부에서 강하게 일어나는 경향이 있습니다. 기술로 세상을 바꾼 스티브 잡스는 창의적인 생각과 행보로 현재의 디지털 시대를 상징하는 인물이자 '21세기 혁신의 아이콘'으로 평가받습니다. 스티브 잡스는 평생 중심부의 사고방식을 거부하면서 "세상을 바꿀 수 있다고 생각할 만큼 미친 사람이 바로 그렇게 하는 사람입니다."라고 말했습니다. 변방의 목소리와 움직임을 포착하여 세상을 바꾼 사람이 스티브 잡스입니다.

신영복은 변화와 창조에 관해 이렇게 말합니다.

"변화와 창조는 중심부가 아닌 변방에서 이루어진다는 것에 대해 얘기할 것입니다. 중심부는 기존의 가치를 지키는 보루일 뿐 창조 공간이 못 됩니다. 인류 문명의 중심은 항상 변방으로 이동했습니다. 오리엔트에서 지중해의 그리스 로마 반도로, 다시 알프스 북부 오지에서 바흐, 모차르트, 합스부르크 600년 문화가 꽃핍니다. 그리고 북쪽 바닷가의 네덜란드와 섬나라 영국으로 그 중심부가 이동합니다. 미국은 유럽 식민지였습니다. 중국은 중심부가 변방으로 이동하지 않았습니다. 그러나 변방의 역동성이 끊임없이 주입되었습니다. 춘추전국시대는 서쪽 변방의 진나라가 통일했습니다. 거란과 몽고와 만주 등 변방의 역동성이 끊임없이 중심부에 주입되었습니다. 그렇기 때문에 변방의 의미는 공간적 개념이 아니라 변방성으로 이해되어야 합니다."

"변방이 창조 공간이 되기 위해서는 결정적인 전제가 있습니다. 중심부에 대한 콤플렉스가 없어야 합니다. 중심부에 대한 콤플렉스가 청산되지 않는 한 변방은 결코 창조 공간이 되지 못합니다. 중심부보다 더 완고한 교조적 공간이 될 뿐입니다. 그러므로 우리의 교실은 그만큼 자유롭고 열린 공간이 되어야 합니다."

신영복은 변화와 창조를 위한 '자유롭고 열린 공간'을 강조합니다. 당연한 이야기입니다. 그가 말한 자유롭고 열린 공간은 자유민주주의 국가들이고, 그 반대로 '통제되고 닫힌 공간'은 중국과 북한 같은 나라입니다. 그런데도 신영복은 아이러니하게도 사회주의를 신봉하고, 자유민주주의를 적대시했습니다. 평생 친중과 친북으로 일관했습니다. 참으로 이해하기 힘든 행보입니다. 진정으로 '자유롭고 열린 공간'이란 사상의 자유를 통해 소수의 의견을 존중하고, 다양성을 인정하며, 중앙집권적이 아니라 지방분권적인 공간입니다.

대표적인 나라가 산업혁명이 처음 일어난 영국입니다. 영국에서 가장 중요하게 생각한 게 사상의 자유였습니다. 공산주의를 정립한 독일 태생의 카를 마르크스는 독일과 프랑스 등에서 정착하지 못하고 망명을 거듭하다가 결국 영국에 정착한 것도 영국은 사상의 자유를 가장 폭넓게 인정해줬기 때문입니다.

영국은 소수의 의견도 존중하는데, 오늘의 다수 의견은 과거 언젠가 소수 의견이었기 때문입니다. 대한민국 국민이 신봉하는 자유민주주의도 광복 이후에 정립될 만큼 역사가 매우 짧았습니다. 만약 조선시대에 민주주의를 외쳤다면 역모죄에 걸려 참형을 면치 못했을 것입니다. 근대화 시기 천황을 군주로 하는 일본에서도 '민주주의'를 뭐라고 번역할까 고민하다가 처음에는 하극상으로 하자는 의견이 나오기도 했다고 합니다. 천황이 세상의 주인이라는 생각이 뿌리 깊이 자리잡은 상황에서 '백성이 나라 주인'이라는 개념을 받아들이기 힘들었던 겁니다.

자유롭고 열린 공간은 중앙집권적이 아닙니다. 자유민주주의 국가는 지방분권의 성격을 강하게 보입니다. 미국은 50개의 주가 개별 나라처럼 움직이는 연방이고, 스위스도 스위스도 26개의 주칸톤로 이뤄진 연방입니다. 이들 나라에서는 주의 목소리가 매우 크고, 개별적인 입법-행정-사법 체계를 갖고 있습니다. 언론의 자유가 보장되는 것도 중요한 특징입니다.

반면에 '통제되고 닫힌 공간'에서는 소수의 의견이 무시되고 다양성이 존중받지 못하며 나라가 중앙집권적으로 운영됩니다.

사회주의 국가 중국은 표준시가 오로지 하나입니다. 표준시는 지구의 자전으로 하루 24시간이 만들어지고 인체는 대체로 해가 뜨고 지는 시간에 따라 반응한다는 사실에 기반해 만들어졌습니다. 국제 표준에 따르면 중국은 동서로 5시간의 차이가 나야 하는데, 대륙의 통일을 기한다는 명목으로 베이징 시간중국 표준시만 사용합니다. 한 가지의 시간만 쓰는 불편함으로 인해 베이징에서 9시 출근에 5시 퇴근이면 서쪽 신장 위구르 자치구에서는 11시 출근에 7시 퇴근으로 정하고 있습니다. 중국은 '당의 명령, 권력자의 명령'이 최우선이고 지방의 자율권은 매우 약합니다. 중국 언론은 사회의 다양한 목소리를 싣지 않습니다. 오로지 공산당의 검열을 받는 기사만이 살아남는 게 중국의 언론 환경입니다.

북한은 중국보다 더한 통제사회인 것은 널리 알려진 사실입니다. 직업 선택의 자유, 이동의 자유도 거의 없습니다. 특히 북한 같은 나라는 언론의 자유도 없지만, 그보다 더 가혹하게 '침묵의 자유'도 없습니다. 자아비판이라는 과정을 통해 자기 생각까지 드러내거나 혹은 공산당에 충성한 척해야 살아남을 수 있습니다. 북한은 개성 있는 뛰어난 인물을 싫어합니다. 북한 공산당에서는 "10개를 하고 싶어도 당이 1개를 하라면 그것만 하라."고 말하며, 시키는 대로 생각하고 움직이는 사람을 가장 훌륭한 사람으로 꼽습니다.

중국이나 북한 같은 나라는 변화와 창조를 위한 변방성을 인정하지 않습니다. 중앙의 권력, 즉 공산당의 독재를 흔드는 어떤 행위도 용납하지 않습니다. 1989년 천안문 사태 당시 중국 공산당이 탱크로 민주주의를 외치는 인민을 진압한 사례가 대표적입니다. 북한에서도 주간 생활총화 등을 통해 사상 통제를 최우선하고 있습니다. 중국이나 북한에서 정권에 위협이 되는 인물들은 쥐도 새도 모르게 사라지는 일이 다반사입니다. 그들이 죽었는지 살았는지도 확인되지 않는 경우가 부지기수입니다.

신영복은 이러한 중국과 북한을 '자유롭고 열린 공간'이라고 착각하는 걸까요? 만약 스티브 잡스가 북한에서 태어났다면 어떻게 됐을까요?

6

문사철과 시서화악의 차이점은?

문사철文史哲은 문학, 역사, 철학을 아울러 이르는 말입니다. 보통 인문학이라고 분류되는 학문의 대표 선수들로 지성인이 기본적으로 갖추어야 하는 교양을 의미합니다.

요즘은 일반 시민들도 인문학을 어느 정도 알아야 한다고 얘기합니다. 인문학이 인간과 인간의 문화에 대한 학문이기에 경영, 경제, 법학이나 공학 등 실용 학문에 비해 효용성은 떨어지지만, 세상을 행복하고 의미 있게 살아가는 데 필수적인 학문으로 여겨지기 때문입니다. 이병철 삼성 회장이나 이나모리 가즈오 교세라 회장은 동양 인문학의 최고봉으로 여겨지는 『논어』를 평생 읽으면서 경영의 지침으로 삼았습니다. 경영은 사람을 알고 사람의 마음을 읽는 것인데, 사람 공부를 위해서는 『논어』에 비견할 만한 책이 없다는 게 그들의 지론이었습니다.

대학에서 동양 고전을 오랜 시간 가르친 신영복은 문사철을 옹호한다면서도 어떤 측면에서는 문사철을 깎아내립니다. 신영복은 『담론』에서 다음처럼 이야기합니다.

"우리는 두 개의 오래된 세계 인식 틀을 가지고 있습니다. 문사철과 시서화가 그것입니다. 흔히 문사철은 이성 훈련 공부, 시서화는 감성 훈련 공부라고 합니다. 문사철은 고전문학, 역사, 철학을 의미합니다. 어느 것이나 언어개념 논리 중심의 문학 서사 양식입니다. 우리의 강의가 먼저 시에 관해서 이야기를 시작하는 까닭은 우리의 생각이 문사철이라는 인식 틀에 과도하게 갇혀 있기 때문입니다. 우리의 사고는 언어로 구성되어 있는 것이 사실입니다. 소쉬르의 언어 구조학이 그것을 밝혀놓고 있습니다. 그러나 언어라는 그릇은 지극히 왜소합니다. 작은 컵으로 바다를 뜨는 것이나 마찬가지입니다. 컵으로 바닷물을 뜨면 그것이 바닷물이긴 하지만 이미 바다가 아닙니다."

신영복은 말을 이어 나갑니다.

"언어나 문자는 추상적인 기호일 뿐만 아니라 문학, 역사, 철학 역시 세계의 올바른 모습을 보여주지 못합니다. 고전문학만 하더라도 그렇습니다. 『돈키호테』는 희극화된 중세기사의 몰락상입니다. 중세를 희극화하고 근대를 예찬하는 반反중세 친親근대 논리가 그 속에 도사리고 있습니다. …역사는 역사가가 역사적 사실을 선별하고 재구성하는 것입니다. 그만큼 과거의 역사를 온당하게 재현하는 것과는 거리가 멀기도 합니다. 철학의 경우도 그렇습니다. 철학은 세계의 본질과 운동을 추상화하는 것입니다. 추상화의 속성과 한계가 그대로 드러나지 않을 수 없습니다. 결국 문사철은 세계의 정직한 인식 틀이 못됩니다. 언어와 개념 논리라는 지극히 추상화된 그릇으로 끊임없이 변화하는 세계를 담을 수 없음은 물론이고 방금 일변한 것처럼 문학, 역사, 철학 역시 세계를 온당하게 서술하고 있지 않습니다. 그럼에도 불구하고 우리는 문사철이라는 완고한 인식 틀에 갇혀 있습니다. 이러한 인식 틀을 깨뜨리는 것이 공부 시작임은 물론입니다."

신영복은 문사철을 경시하면서 다음과 같이 주장합니다.

"시서화악詩書畫樂, 시 글씨 그림 음악은 문사철과는 전혀 다른 미디어입니다. 시와 서가 문자이면서 문자적 의미를 뛰어넘고 있는 것이라면 화악은 아예 문자가 아닙니다. 빛과 소리입니다. 사실은 시서화악이 세계를 훨씬 더 풍부하게 담고 자유롭게 전달합니다. 시서화악을 대신하여 앞으로는 영상서사 양식이 세계 인식 틀의 압도적 지위를 차지할 것으로 예상됩니다. 이미 영상미디어가 석권하고 있습니다. 영상은 세계의 전달에 있어서 압도적입니다. 세계의 인식과 전달에 있어서 위력적입니다.…"

신영복이 강조하는 시서화악은 대체로 예술의 영역입니다. 신영복은 시적 정서를 강조하는데 시가 그렇게 큰 세계를 담고 있는지 의문입니다. 시는 세상을 아름답게 만들지언정, 삶의 실체를 제대로 보여주지는 않는 것 같습니다. 신영복이 서예에 뛰어나다고 하지만, 그게 우리 세상을 올바른 방향으로 바꾸는 데 얼마나 영향을 끼쳤는지 모르겠습니다.

시나 그림과 음악이 세상을 크게 바꿨다는 얘기도 듣지 못했습니다. 그래서인지 세계사를 보면 시, 그림, 음악의 역사는 매우 적은 분량으로 다뤄집니다. 신영복이 잘한다는 서예는 거의 언급조차 없습니다. 명필로 유명한 중국의 왕희지나 조선의 한석봉이 역사에서 차지하는 비중은 매우 미미합니다.

신영복은 문사철은 이성 훈련 공부, 시서화는 감성 훈련 공부라고 하는데 이성보다 감성을 앞세우면 어떤 문제가 생길까요?

한 신문에 실린 윤증현 전 기획재정부 장관의 인터뷰를 보겠습니다. 내용은 대략 다음과 같습니다.

"경제에 공짜 점심은 없습니다. 고금리, 고물가에 대한 윤석열 정부의 대처가 부족했던 건 사실이나 이 엄중한 시기에 '여소야대'를 초래한 국민의 선택은 대가를 치르게 될 것입니다. 정책의 내용보다는 겉으로 보이는 태도나 이미지에 감성적 판단을 하는 사람들이 많아 이 나라 앞날이 걱정됩니다. …민주주의 사회에서 자유에는 책임이, 선택에는 대가가 따릅니다. 이번 총선의 선택으로 자산이 없는 서민과 영세 자영업자들의 경제적 어려움은 더욱 가중될 것입니다. 경제뿐 아니라 법치가 실종되고, 사회 도덕률, 국민 의식도 추락했습니다. 이 나라 앞날이 걱정되는 것이 어떤 집단의 정체성이나 추구하는 가치, 정책의 내용보다는 겉으로 보이는 외형적 태도나 이미지로 감성적 판단을 하는 국민들이 많아졌다는 것입니다."

윤증현 전 장관은 감성보다는 이성적 판단의 필요성을 강조했습니다.

"서민과 영세 자영업자들이 지금 왜 어려울까요? 최저임금의 일괄적 인상, 주 52시간 근무제 때문입니다. 모든 나라가 최저임금을 인상할 때는 업종별, 지역별로 다르게 적용합니다. 근무시간도 업종에 따라 큰 차이가 있어 일률적으로 52시간으로 정한 것은 매우 비현실적입니다. 경제가 정치 논리에 휘둘리면 망합니다. '경제는 정치인들이 잠든 밤에 성장한다.'는 말도 있지 않습니까?"

신영복의 주장처럼 문사철보다 시서화악을 강조하면 사람의 성격이 이성적이 아니라 감성적으로 변하기 쉽습니다. 그러다 보면 아무래도 세상을 냉철하게 보지 못하고, 사물이나 사건을 보는 시각이 편협해집니다. 세상을 보는 눈이 '맹목盲目'으로 변하는 것입니다.

정치는 흔히 '국민의 먹고사는 문제'라고 얘기합니다. 많은 정치인이 경제전문가라고 자신을 포장하며 '경제와 민생'을 정치 슬로건으로 내걸곤 합니다. 이들 정치인이 반드시 알아야 할 명언이 영국의 경제학자인 앨프리드 마셜의 '차가운 머리, 뜨거운 가슴'입니다. 경제 문제를 제대로 해결하려면 사회 현상을 냉철하게 바라보고 분석해야 하며, 경제 문제의 해결 결과물은 늘 실생활과 사회 약자들에 도움이 되는 방식으로 이용되어야 한다는 뜻입니다.

호불호好不好와 가불가可不可는 엄연히 다릅니다. 별개의 문제인데도 두 가지를 같은 의미로 생각하는 사람들이 많습니다. 거짓 행복 전도사들은 "행복해지려면 좋아하는 일을 하십시오!"라고 외칩니다. 감성팔이이자 전형적인 좌파적 사고입니다.

"나는 아이돌이 되고 싶어요."라고 하는 어린이는 많지만, 실제로 아이돌로 성공할만한 재능을 타고난 어린이는 드물고 성공 확률도 매우 낮습니다. 누구나 사업하면 성공할 것 같지만, 신생기업의 70퍼센트는 5년 이내에 실패한다고 합니다. 정책도 마찬가지입니다. 겉으로 그럴듯해 보이는 사이비 정책은 현실에 적용하면 백발백중 실패로 끝납니다.

그렇지만 좌파적 사고를 하는 사람들은 '뜨거운 머리, 차가운 가슴'의 특징을 보여줍니다. 사회주의 국가들의 경제적 무능이 대표적인 사례입니다. 소련의 집단농장, 중국의 인민공사와 대약진운동, 북한의 집단농장 등은 하나같이 '뜨거운 머리'로만 추진되었기에 처절한 실패로 끝났습니다. 많은 사람이 노예 신분으로 전락했고, 생산성은 극도로 악화하였습니다.

문재인 정부의 소득주도성장 같은 경우도 경제적 효율성보다는 정치적 목표 달성을 위해 추진된 정책이었습니다. '뜨거운 머리'가 만들어낸 실패작이었습니다. 이성이 아닌 감성을 중시하다 보니 경제원리에 어긋날 수밖에 없었던 것입니다.

소득주도성장은 소득 불평등 해소와 내수시장 활성화를 꾀한다는 명목으로 추진되었습니다. 구체적인 정책으로 최저임금 인상, 비정규직의 정규직 전환, 사회복지 확대, 재분배 강화 등이 채택되었습니다.

그 결과 고용 감소와 영세 자영업자 및 중소기업의 어려움 가중, 소비 부진, 경제성장 둔화, 재산 불평등 심화 등의 부작용을 낳았습니다. 그 피해는 사회 초년생으로 직장을 구해야 하는 2030세대, 자산이 많지 않은 중하위층, 아르바이트를 쓰기 힘들어진 영세 자영업자, 근로시간을 줄여야 하는 중소기업 등 상대적으로 사회적 약자에게 고스란히 돌아갔습니다. '사회 약자를 위한다는 정책이 사회 약자를 힘들게 하는 모순'이 발생했습니다. 그 모습이 왠지 잘 살게 해주겠다면서 많은 사람을 기아와 빈곤으로 몰아넣은 사회주의 국가들의 비극과 겹쳐 보입니다. 소득주도성장을 보면서 과거 중국 마오쩌둥이 밀어붙인 대약진운동이 생각나는 건 왜일까요?

7

"진실은 창조된다"라는 주장에서 연상되는
조지 오웰의 『1984』

'사실'은 '시간상으로나 공간상 실제로 있었던 존재 또는 사건'을 의미합니다. 사실은 실제로 있었던 일이라는 점에서 환상이나 허구의 반대편에 있는 단어입니다. '진실'은 사실 가운데 '거짓이 없는 사실'을 말하므로 사실보다 더 범위가 좁습니다. 진실의 반대말은 거짓입니다.

자연과학에서 진실로 인정받으려면 엄격한 검증 과정을 거쳐야 합니다. 노무현 정부 시절인 2005년 대한민국을 강타한 '황우석 줄기세포 논문 조작 사건'이 대표적인 사례입니다. 2024년 논란이 된 '초전도체 LK-99'도 엄격한 검증 과정을 통과하지 못함으로써 진실로 인정받지 못했습니다.

사회과학에서도 진실로 인정받으려면 검증이 필수적입니다. 그렇지만 실험과 관찰의 대상이 사람이다 보니 다소 허술(?)한 측면이 있는 것도 사실입니다.

프랑스 경제학자 토마 피게티는 『21세기 자본』에서 자본수익률이 경제성장률보다 더 커지면서 부의 불평등이 더 커지고 있다고 주장했습니다. 그렇지만 마르크스주의 이론가인 데이비드 하비는 "왜 불평등이 생기고 왜 소수가 지배하는 경향이 생기는지에 관한 피게티의 설명에는 심각한 결함이 있다. 불평등을 해소할 치료법으로 그가 내놓은 방안글로벌 자본세은 순진하고 심지어 공상적이기도 하다."고 지적했습니다. 피게티는 한국에서도 한때 인기가 대단했으나, 데이터 오류와 '미래에 관한 순진하면서도 비현실적인 주장'으로 인해 요즘은 거의 잊힌 존재가 되었습니다.

인문학자라고 할 수 있는 신영복은 진실에 대해 어떤 자세를 취하고 있을까요? 신영복은 『담론』에 다음과 같이 썼습니다.

"세계 인식에 있어서 가장 중요한 것은 그것이 '진실'을 담고 있어야 한다는 것입니다. 그래서 『시경』에 나온 '맹강녀 전설'을 소개했습니다. 맹강녀는 만리장성 축조에 강제 동원되어 몇 년째 소식이 없는 남편을 찾아갑니다. 겨울옷 한 벌을 지어서 먼 길을 찾아왔지만, 남편은 이미 죽어 시체마저 찾을 길 없습니다. 당시에는 시체를 성채 속에 함께 쌓아 버렸다고 합니다. 맹강녀는 성채 앞에 옷을 바치고 사흘 밤낮을 통곡했습니다. 드디어 성채가 무너지고 시골屍骨이 쏟아져 나왔습니다. 옷을 입혀서 곱게 장례 지낸 다음 맹강녀는 노룡두老龍頭에 올라 바다에 투신합니다. 맹강녀의 전설이 사실 일리가 없습니다. 그러나 "우리는 어느 쪽이 진실한가?"하는 물음을 가질 수 있습니다. 전설 쪽이 훨씬 더 진실합니다. 어쩌면 사실이란 작은 레고 조각에 불과하고 그 조각들을 모으면 비로소 진실이 된다고 할 수 있습니다."

레고 조각을 모으면 진실이 된다고 하는데 과연 사실일까요? 레고 조각은 어떻게 조합하느냐에 따라 다양한 모습으로 변할 수 있다는 사실을 생각하지 않는 걸까요?

신영복은 "시는 언어를 뛰어넘고 사실을 뛰어넘는 진실의 창조인 셈입니다. 우리의 세계 인식도 이러해야 합니다. 공부는 진실의 창조로 이어져야 합니다. …진실이 사실보다 더 정직한 세계 인식입니다."라고 주장합니다.

신영복은 사실과 진실이란 단어를 묘하게 비트는데, 특히 '공부는 진실의 창조로 이어져야 한다'라는 표현이 왠지 섬뜩하게 느껴집니다. 이건 공부를 통해 세상을 묘하게 비틀라는 얘기가 아닌가 싶습니다. '자서전'을 쓰는 사람은 창피한 내용은 빼고 무용담이나 미담을 담아 넣고, 연구 논문을 쓰는 사람은 데이터를 조작해도 좋고, 정치인은 거짓 공약을 마구 쏟아내도 괜찮다는 이야기일까요?

전 세계적으로 '도덕적 하향'을 걱정하는 목소리가 높아지고 있습니다. 특히 정치 분야에서 도덕적 하향의 문제가 심각한데, 각국에서 각종 범죄나 구설에 휘말린 정치인들이 선거에 당선됨으로 사실상 면책을 받는 일이 빈번하기 때문입니다. 과거에는 의혹의 대상이라는 사실 자체가 불명예였는데, 지금은 잘못한 증거가 분명한데도 오리발을 내밀기 일쑤입니다. 대한민국을 대표하는 정치인들이 자신의 범죄를 부인하고 명백한 사실을 조작이라고 우기는 세상입니다. 여러 건의 범죄가 재판으로 넘겨지고 판결까지 났는데도 자신은 무죄라며 뻔뻔하고 당당하게 대중 앞에 나섭니다. 신영복이 살아있다면 이러한 작태를 '진실의 창조'라고 했을까요?

사회주의 국가의 역사를 보면 '진실 조작'이 기본입니다. 진실이 아니라 거짓을 가지고 선전 선동을 하는 것입니다. 선전과 선동의 의미는 확실히 이해해둘 필요가 있습니다. 선전은 어떤 논리 체계를 설명, 이해, 신념화시키는 과정을 말합니다. 선동은 더 직접적인 방법으로 대중들이 기존에 가지고 있던 생각에 강한 충격을 주어 투쟁에 나서도록 부추기는 것입니다. 예컨대 "누군가 목이 잘렸대요." 혹은 "경찰이 칼로 찔러서 사람을 죽였대요."라는 게 선동입니다.

사람들은 선전에 화가 나서 부글부글 끓고, 선동에는 감정이 복받쳐서 행동으로 표출하게 됩니다. 이런 선전 선동이 난무하는 과정에서 진실과 사실이 자리 잡을 공간은 사라지게 됩니다.

중국에서 3월 5일은 '레이펑에게 배우는 날'로 지정돼 있습니다. 레이펑雷鋒은 중국 인민해방군의 모범 병사로 마오쩌둥의 고향이라 할 수 있는 후난성 창사 출신입니다. 그는 1957년 중국공산주의청년단에 들어가 중국 각지의 농장이나 공장에서 작업했고, 1960년 인민해방군에 입대했다가 1962년 랴오닝성 푸순에서 트럭 사고로 사망했습니다. 마오쩌둥은 그를 '이상적 군인상'으로 떠받들고 1963년 3월 5일에는 직접 향뇌봉동지학습向雷鋒同志学習, 레이펑 동지에게 배우라 운동을 지시합니다. 이 말은 대약진운동의 실패를 잊게 하고, 문화대혁명에 참여하는 홍위병이 떠받들어야 할 슬로건이 되었습니다. 전형적인 우상 만들기이자 진실의 조작이었습니다.

사회주의 시절 소련이나 북한에서도 이런 일이 다반사로 발견됩니다. 옛소련에는 스타하노프운동이 있었습니다.

1935년 소련의 석탄 광부 A.G.스타하노프가 1935년 8월 31일 교대 시간 내 기준량의 14배에 달하는 102톤을 채탄하는 기록을 세웠습니다. 전국 노동자에게 "그에게 배우라."는 운동이 전개되고 높은 기록을 올린 노동자는 '스타하노프 노동자'라고 하여 높은 임금을 받았습니다. 그의 기록이 소련 전역에 보도되면서 그는 유명 인사가 되었고, 1935년 12월에 (진실을 몰랐던) 타임지 표지에 실리기까지 하였습니다. 그러나 나중에 보니 그의 채굴 작업은 안전을 위한 보강 작업은 도외시한 채 단순히 석탄을 캐내는 기록만 세우기 위한 작업이었으니, 결국 생명을 담보로 한 무리한 경쟁에 불과했습니다.

영국의 소설가이자 언론인 조지 오웰의 『1984』에는 가상의 전체주의 독재국가인 오세아니아가 나옵니다. 오세아니아를 통치하는 당은 권력 유지를 위해 가상의 인물인 '빅 브라더'를 만듭니다. 오세아니아는 개인의 자유가 철저하게 억압되는 사회로 주인공 윈스턴 스미스는 진실부에서 일합니다. 진실부는 정보의 유통을 담당하는 정부의 한 부서로, "과거를 지배하는 자가 미래를 지배하며 현재를 지배하는 자가 과거를 지배한다!"라는 당의 목표에 맞춰 현재에 맞지 않는 과거를 끊임없이 조작합니다. 각종 문서, 신문, 서적, 녹음, 영화 등 과거의 모든 기록을 조작하고 바꿉니다. '진실의 창조'에 매진하는 곳이 바로 진실부입니다. 옛소련과 중국, 북한 등 사회주의 국가들은 일당독재를 위해 끊임없이 진실을 감추고 조작했는데, 『1984』는 북한과 옛소련에서는 금서였습니다.

21세기가 벌써 4분의 1가량 흐른 지금은 '탈진실 시대'로 불립니다. 탈진실 현상은 사실 추구와 합리성이 무시되고, 조작된 거짓 정보가 사실의 자리를 위협하거나 대체하는 현실을 의미합니다. 신영복의 '진실'에 대한 인식은 마치 '탈진실의 옹호'처럼 느껴집니다. 신영복의 영향을 받은 좌파적 사고를 하는 사람들이 지금 대한민국의 현실을 그처럼 '엉터리 진실의 색안경'으로 보고 판단하고 이끌어가는 건 아닌지 걱정됩니다.

8

뚜렷한 친중 성향 '마오쩌둥은 낭만과 창조의 인물'

신영복의 사유 세계는 친중의 냄새를 물씬 풍깁니다. 1970~80년대 운동권 세력이 추종했던 중국공산당의 인물들, 특히 마오쩌둥에 지극히 우호적입니다. 문화대혁명과 중국공산당 미화에 앞장섰던 리영희 한양대 교수 못지않았습니다.

다음은 신영복의 『담론』에 실린 내용입니다.

"창랑의 물이 맑거든 내 갓끈을 씻고滄浪之水淸兮 可以濯吾纓 창랑지수청혜 가이탁오영 창랑의 물이 흐리거든 내 발을 씻으리라滄浪之水濁兮可以濯吾足 창랑지수탁혜 가이탁오족. 『초사楚辭』 어부사에 나오는 명구名句로 회자됩니다. …중국 역사에서 북방과 남방이 싸우면 늘 남방이 북방에 집니다. 그래서 敗北이라고 쓰고 패배라고 읽습니다. 북에 지는 것이 패배의 일반적인 의미로 통용됩니다. (그나마 남방에서 일어나 통일한 것은 명나라 주원장 정도입니다.) 북방이 세고 강합니다. 거친 환경에서 단련된 강인함이라고 할 수 있습니다.…

중국 역사에서 남방이 패배의 땅이기는 하지만 동시에 낭만과 창조의 세계이기도 합니다. 『초사』에서 우리가 구성할 수 있는 사유의 폭은 대단히 높습니다."

신영복은 굴원의 『초사』를 얘기하고, 남방이 낭만과 창조의 땅이라고 설명합니다. 그래 놓고 다음 이야기를 소개하는데, 남방 그것도 옛 초나라 출신인 마오쩌둥을 찬양하기 위해 먼저 밑자락을 깔기 위한 사전 예시였습니다.

"잘 알려진 이야기입니다. 1972년 핑퐁 외교로 닉슨 대통령이 중공을 방문했습니다. 그때 마오쩌둥 주석이 닉슨에게 『초사』를 선물했습니다. 대장정 동안 손에서 놓지 않고 읽었던 『초사』입니다. 닉슨과 『초사』의 대비가 당황스럽고 그 선물의 숨은 뜻을 알 수 없지만 『초사』에 대한 마오의 애정만은 분명하게 보여주는 일화입니다. 마오 사상의 창조성과 그의 문풍文風의 원류가 바로 『초사』의 세계라고 합니다. (마오쩌둥은 초나라가 있었던 중국 후난성 출신입니다.)

중국 혁명 과정에서 흔히 류사오치劉少奇와 마오를 대비합니다. 류샤오치는 국민당 지배하의 상해를 중심으로 노동자들의 지하 조직을 이끌었습니다. 마오는 해방구를 건설하여 국민당 군과 대적했습니다. 적 치하에서 조직 보위를 위한 고도의 경각성이 요구되었던 류샤오치에 비하여 적과의 정면 대결을 주로 했던 마오의 차이는 분명합니다.

'조직의 류샤오치와 이론의 마오'라는 헌사가 그것을 설명합니다. 조직 보위와 경각성은 극도의 보수적 대응을 요구하는 반면 마오의 해방구 건설은 새로운 사유를 요구합니다. 노농연맹은 프롤레타리아 혁명론에 없었던 중국 혁명의 창조성입니다. 이외에도 마오는 많은 시를 쓰기도 하고 『모순론』과 『실천론』 같은 철학적 저작도 내놓습니다. 그래서 이론의 마오쩌둥이라고 합니다. 이것이 남방의 『초사』 문풍과 관련이 있다고 합니다. 마오에게 『초사』는 그런 것입니다. 낭만과 창조의 땅 『초사』의 세계에 대한 우리의 관점이 현실과 이상의 지혜로운 조화에 머물지 않고 훨씬 더 큰 담론으로 나아갈 수도 있을 것입니다."

신영복의 글을 읽으면 '마오는 낭만과 창조의 위대한 인물'로 읽힙니다. 이 대목에서 신영복은 중국공산당에 속아 『중국의 붉은 별』이란 책으로 마오쩌둥을 미화했던 에드거 스노, 『8억 인과의 대화』를 통해 중국의 선전 선동에 앞장선 리영희 등과 비슷함을 알 수 있습니다. 마오쩌둥은 과연 '낭만과 창조의 위대한 인물'이었던 걸까요?
중국 혁명의 비극은 네덜란드 역사학자인 프랑크 디쾨터가 쓴 『인민 3부작』에 잘 나와 있습니다. 이 책은 눈물과 한숨과 분노 없이는 읽기 힘들며, 필자도 '굶주림 속에 식인食人이 성행했다'라는 부분은 도저히 읽을 수 없어 그냥 넘겼습니다. 마오쩌둥과 중국공산당의 진짜 실체를 알려면 『인민 3부작』을 반드시 읽어야 한다고 생각합니다. 다음은 『인민 3부작』의 주요 내용을 다소 길게 소개합니다.

"중국공산당은 1949년에 거둔 그들의 승리를 '해방'이라고 말한다. 해방이라는 단어는 거리로 쏟아져 나와 새로 쟁취한 자유를 자축하며 환호하는 군중을 떠올리게 하기 마련이다. 그렇지만 중국의 해방과 그 뒤를 잇는 혁명의 이야기는 평화나 자유, 정의와 무관하다. 다른 무엇보다 계산된 공포와 조직적인 폭력의 역사를 보여준다."

"혁명이란 폭력의 또 다른 이름이었다. 해방 후 1년도 지나지 않아 공산당의 적을 모조리 제거하기 위한 대공포 시대가 도래했다. 마오 쩌둥은 1,000명당 한 명을 죽이도록 할당량을 하달했지만 많은 지역에서 할당량의 2~3배가 넘는 사람들에게 대개는 조잡한 구실로 처형이 행해졌다. 그 결과는 마을이라는 공동체의 전면적인 붕괴였다. 여섯 살밖에 안 되는 어린 학생들이 적의 첩자 노릇을 했다는 이유로 체포되어 고문을 당하다가 목숨을 잃었다. 때로는 할당량을 채우려는 당간부들이 죄수를 임의로 선정해서 총살을 시키기도 했다. 1951년 말까지 거의 200만 명에 가까운 사람들이 목숨을 잃었다. 어떤 사람들은 대중집회가 열리는 대회장에서 공개적으로 처형됐으며 대중의 시선이 미치지 않는 숲이나 계곡, 강가에서 홀로 또는 떼로 죽임을 당했다. 그리고 그들보다 훨씬 많은 사람이 중국 전역에 산재한 감옥에서 목숨을 잃었다."

"몇 년 뒤 폭력은 감소했지만, 공산당이 원하는 '신新인민'이라는 존재를 만들기 위한 사상개조는 끝나지 않았다. 관공서나 공장, 소규모 작업장, 초중고등학교와 대학도 '재교육'을 받아야 했으며, 신문과 교과서를 통해 올바른 대답, 올바른 생각, 올바른 표어를 배웠다."

"농촌에서는 집산화를 둘러싼 거센 저항과 폐해에도 불구하고, 1956년에 이르러 농부들이 농기구와 땅, 가축을 잃게 되었다. 그들은 이동의 자유를 잃었고, 정부에서 정한 가격에 양곡을 국가에 판매하도록 강요받았다. 지역 공산당 간부의 명령만 기다리는 채무 노동자로 전락했다. 1954년에 정부 스스로 인정했듯이 농민들은 해방 전과 비교했을 때 식량이 3분의 1이나 줄어든 상황에 처했다. 거의 모든 농민이 기근에 허덕였다. 1957년에 들어서는 마오쩌둥이 지식인에게서 등을 돌리고 50만 명에 달하는 지식인들을 강제노동수용소 보내면서 소수민족, 종교단체, 농민, 기능공, 기업가, 제조업자, 교사, 학자, 당 내부의 회의론자 등 반대자들을 제거하기 위한 공산당의 행보가 최고조에 달했다. 공산당이 정권을 잡은 지 10년 만에 주석에게 반기를 드는 사람은 아무도 없었다."

"마오쩌둥의 집권 후 초기 10년은 최소 500만 명 이상의 민간인들이 목숨을 잃고, 그보다 훨씬 많은 사람들을 불행하게 만든 20세기 최악의 폭정들 가운데 하나였다. 그런데도 중국이 평화롭게 해방을 맞았다는 수십 년에 걸친 선전 때문에 공산당이 권력을 쟁취하는 과정에서 희생된 사람들을 기억하는 사람들은 거의 없다."

프랑크 디쾨터가 중국 역사의 어두운 면을 보여줬음에도 불구하고, 한국에서 좌파적 사고를 지닌 많은 인사들이 중국에 매우 우호적입니다.

문재인 전 대통령은 "중국은 높은 산봉우리 같은 나라. 한국은 작은 나라지만 중국몽中國夢 함께 하겠다."라는 발언으로 논란을 일으켰습니다. 중국을 종주국으로 떠받들던 조선시대의 사대주의를 연상하게 하는 말로서 대한민국 국격을 크게 실추시켰습니다.

김부겸 전 총리는 중국의 혁명가였던 저우언라이周恩來 전 총리를 존경한다고 밝혔습니다. 저우언라이는 중화인민공화국 혁명 과정에서 후배인 마오쩌둥을 지도자로 세운 뒤 그의 급진적인 정책을 완화하고 조절하는 조정자의 역할을 했습니다. 그렇지만 저우언라이는 죽을 때까지 뼛속 깊이 공산주의자이자 사회주의자였고, 자유민주 세계의 적이었습니다.

대한민국에서 좌파적 사고를 하는 사람들은 박정희 전 대통령과 전두환 전 대통령을 극도로 혐오합니다. 그들은 독재자였으며 그들이 집권 당시 인권유린이 만연하고 많은 사람이 억울하게 죽었다고 목소리를 높입니다. 박정희 전 대통령이 대한민국의 경제 기적을 만들었고, 전두환 전 대통령이 물가안정을 이룩한 이야기를 하면 '독재자를 옹호하는 것입니까? 당신은 그런 세상에서 살고 싶습니까?'라면서 눈을 부라리면서 싸울 듯이 덤벼듭니다.

그들의 주장이 마냥 틀린 것만은 아닙니다. 박정희와 전두환 전 대통령이 독재자인 것은 분명한 사실입니다. 다만 좌파 인사들이 수천만 명을 죽음으로 몰고 간 마오쩌둥, 천안문 유혈 진압을 일으킨 덩샤오핑, 지금도 소수민족을 탄압하는 중국공산당 지도자에게 지극히 관대하며 심지어 '존경심'까지 표현하는 것은 형평성에 맞지 않아 보입니다.

선택적 정의는 보통 정의의 공정성, 객관성, 일관성을 무시하고 특정한 입장이나 이익을 위해 특정 사실이나 현상을 제멋대로 해석하는 행위를 의미합니다. '정의'에는 보편적 기준이 있어야 할 텐데 좌파적 사고를 하는 인사들의 정의는 정말 '고무줄 잣대'인 것 같습니다. 그런 '고무줄 잣대의 정의 기준'을 10대와 20대 등 미래 세대가 본받을까 봐 두렵습니다. 좌파 인사들도 자기 자녀들에게는 그런 선택적 정의에 기초한 엉터리 정의관은 가르치지 않을 것입니다.

9

북한은 자주^{自主}이고 민족의 역량을 키우는 국가라고?

신영복은 1968년부터 1988년까지 20년을 감옥에서 보냅니다. 통일혁명당 사건으로 무기징역을 선고받았다가 전향서에 서명하고 난 후 자유의 몸이 됩니다. 1941년생이니 27세부터 47세까지 세상과 격리된 셈입니다. 개인적으로 '가장 생산적이며 인생 황금기인 시간'을 감옥에서 보냈습니다.

공교롭게도 그가 감옥에서 있던 시간은 대한민국 경제가 가장 눈부시게 발전한 시기이기도 합니다. 경제발전의 가장 객관적인 지표라고 할 수 있는 1인당 국민소득GDP은 1968년 169달러였는데, 1988년 4,548달러로 무려 27배나 늘어났고 1989년에 5,000달러를 돌파했습니다. 1988년 개최된 올림픽을 계기로 대한민국에는 '마이카My Car 시대'가 도래했습니다. 신영복은 이러한 경제발전의 흐름을 직접 체험하지도 못했고, 공헌한 바도 없습니다.

신영복은 〈사상 전향서〉를 쓰고 풀려났다고 하지만, 중년이 된 사람의 굳어진 머릿속 생각은 그리 쉽게 바뀌지 않았을 겁니다. 그는 1998년 〈월간 말〉 인터뷰에서 "전향서를 쓰긴 했지만 사상을 바꾼다거나 동지를 배신하는 일은 하지 않았으며, 통일혁명당에 가담한 것은 양심의 명령 때문이었고 향후로도 양심에 따라 통혁당 가담 때와 비슷한 생각으로 활동하겠다."라는 의견을 밝히기도 했습니다.

경제학자인 존 메이너드 케인스는 "세상에서 가장 어려운 일은 새로운 아이디어를 수용하는 것이 아니라 과거의 아이디어를 잊는 것이다."라고 말했습니다. 그는 "사람의 이념이나 사상은 30세를 넘은 다음에는 바뀌지 않는다."라고도 했습니다. 1980~90년대에 대학 시절을 체험한 사람들은 2025년 기준으로 40대~60대 초반이 되었습니다. 적극적이었든 소극적이었든 일부라도 학생운동을 체험한 사람들은 "양키 고 홈!Yankee go home!"이라는 말을 들었습니다. 이념적으로 여기에 동조했던 사람들은 '반미'의 시각으로 세상사를 보고 여전히 운동권 시각, 전교조 시각에 따라 정치적 판단을 내리는 경향이 강합니다. '젊은 시절의 사고방식'에서 쉽게 벗어나지 못한 결과라고도 할 수 있겠습니다.

신영복도 예외가 아닙니다. 신영복은 『담론』에서 통일에 대해 다음과 같이 말했습니다.

"나는 통일統—을 통일通—이라고 쓰기도 합니다. 평화 정착, 교류 협력만 확실하게 다져나간다면 통일 과업의 90퍼센트가 달성된 것과 같기 때문입니다. 평화 정착, 교류 협력, 그리고 차이와 다양성의 승인이 바로 통일입니다. 통일이 일단 이루어지면 그것이 언제일지는 알 수 없지만. 통일로 가는 길은 결코 험난하지 않습니다. 통일通—에서 통일統—로 가는 과정을 지혜롭게 관리하기만 하면 됩니다. 이것은 남과 북이 폭넓게 소통하고 함께 변화하는 과정입니다. 화和에서 화化로

가는 화화和化의 모델입니다. 통일通一과 화화和化는 통일의 청사진이면서 동시에 21세기의 문명사적 전망이라고 할 수는 있습니다. 우리의 민족사적 과제이면서 동시에 21세기의 문명사적 과제인 것이지요. 이러한 세계사적 과제가 경과해야 할 경로에 대한 현실적 구상은 아직 없습니다. 그러나 그것이 어떠한 경로를 거치든 한반도와 동아시아가 그것의 출발 지점이 되리란 믿음에는 변함이 없습니다."

"'통일은 대박'이라는 관념은 경제주의적 발상이고 근본은 동同의 원리입니다. 열린 사고가 못됩니다. 통일은 민족의 비원悲願입니다. 통일을 대박으로 사고는 정서가 납득되지 않습니다. 그것이 대박처럼 갑자기 다가올 때가 오히려 파탄이고 충격입니다. …통일과 화화는 최후의 그리고 최선의 선택입니다. 지속가능성이 회의되고 있는 불안한 세계 경제질서에 대비하여 나름대로 자기의 경제 영역을 지키기 위해서 많은 국가들이 중장기적으로 지향하는 시스템이 바로 내수기반의 자립 경제구조입니다. 이러한 자립 구조는 최소 7,000만의 인구 규모가 요구됩니다. 브릭스BRICs, 브라질 러시아 인도 중국를 비롯해서 베트남과 인도네시아가 주목받는 까닭 역시 인구 규모와 내수 중심의 자립 구조 때문입니다. 분단은 이러한 가능성마저 봉쇄하는 것입니다. 남북 관계의 현실은 모든 새로운 전망과 가능성을 차단하는 것이라는 점에서 우리의 삶을 지극히 어둡게 하는 것이 아닐 수 없습니다. 우리가 화동和同담론을 재론하는 이유가 이와 같습니다."

"우리나라는 역사적으로 두 개의 국가 경영의 축을 가지고 있었습니다. 대륙의 변방에서 2000년 동안 국가를 지탱해올 수 있었던 것이

두 개의 국가 경영 축을 지혜롭게 구사해왔기 때문입니다. 자주와 개방이라는 두 개의 축입니다. 자주는 우리의 역량을 강화함으로써 국가를 지키는 것이고. 개방은 세계와의 소통을 긴밀히 하는 것입니다. …오늘날의 남북 분단은 자주와 개방이라는 두 개의 축이 남과 북으로 각각 외화外化되어 나타난 것으로 설명합니다. 분단을 냉전 이데올로기로 받아들이는 지금까지의 관점과는 다릅니다. 돌이켜보면 자주에 무게를 두었을 때는 민족의 역량을 키울 수 있었던 반면 고립되고 정체될 위험이 없지 않았습니다. 반대로 개방에 무게를 두었을 때는 고려 후기와 통일 신라처럼 문화는 발전하지만, 국가의 주권이 침해되었습니다. 조선 후기 개화 정책은 망국과 식민지로 귀결됩니다. 불과 100년 전의 역사입니다. 불행하게도 지금은 두 개의 경영 축을 지혜롭게 구사하기는커녕 그 주도권을 다른 나라들에게 빼앗겨 그들에게 역용逆用당하고 있습니다."

신영복의 글을 보면 북한의 '김일성, 김정일, 김정은으로 이어지는 잔인무도한 3대 세습독재'를 보고 겪으면서도 여전히 남북화해를 외치고 통일은 지상과제로 떠드는 좌파 인사들의 모습과 너무나 일치합니다. 참으로 순진하고 감상적이며 비현실적인 생각입니다. 시간을 멀리 되돌릴 필요도 없습니다. 북한의 3대 세습 정권은 1996년~1999년 사이 '고난의 행군'으로 대략 50만~60만 명의 아사자를 발생시켰고, 2009년 화폐개혁이 실패하자 수많은 책임자를 숙청했습니다. 김정은은 2013년 12월 고모부인 장성택을 처형하는 패륜을

저질러 전 세계를 놀라게 했습니다. 그런데도 좌파 인사들의 친북 성향은 잘 바뀌지 않으니, 이념과 사상의 포로가 된다는 게 그만큼 무섭습니다.

신영복은 『담론』에서 '평화 정착, 교류 협력'으로 통일의 90퍼센트가 달성될 수 있다고 했습니다. 신영복을 존경한다는 문재인 전 대통령과 문재인 정부 사람들이 왜 그리도 북한 김정은 정권을 두둔하면서 "평화통일"을 외친 사실과 맥이 닿습니다.

신영복은 인구 7,000만 명이면 '내수기반의 자립 경제구조'를 구축할 수 있다고 합니다. 공교롭게도 남북한 합친 숫자입니다. 그렇지만 경제전문가들은 대체로 1억 명은 넘어야 내수기반의 자립경제가 가능하다고 봅니다. 7,000만 명을 자의적으로 선택했다는 느낌입니다. 신영복이 예시로 든 베트남1억 명과 인도네시아2억 8,000만 명도 모두 인구가 1억 명을 넘습니다.

편협된 사회주의 시각을 지닌 신영복이 진짜 간과한 것은 전 세계가 네트워크로 촘촘하게 연결된 글로벌 시대에는 어떤 국가도 '내수기반 자립경제'를 하기가 어렵다는 사실입니다. 심지어 미국 같은 나라도 순수하게 내수기반 자립경제를 외치지 않습니다. 신영복의 자립경제는 1980년대 좌파 운동권의 주장이나 목표와 비슷합니다.

신영복은 특히 자주와 개방이라는 두 개의 축이 남과 북으로 각각 나타났다고 했습니다. 그러면서 "자주에 무게를 두었을 때는 민족의 역량을 키울 수 있었다."고 합니다. 누가 봐도 남한이 '개방 국가'이니 '자주'는 북한을 의미합니다. 신영복은 또한 '조선 후기 개화정책은 망국과 식민지로 귀결됩니다'라고 했는데, 조선은 실상 개화가 늦고 폐쇄를 고집했다가 망한 게 역사적 사실입니다. (이 부분은 나중에 자세히 설명하겠습니다.) 조선이 자신의 힘을 키우지 못했기에 열강에 시달렸고 궁극적으로 금수강산을 잃고 말았습니다.

힘이 없으면 국가는 결국 망할 수밖에 없는 것이 국제 질서의 냉혹한 진실입니다. 역사가 생생히 증언하고 있습니다. 그런데도 신영복은 역사의 진실을 정반대로 해석하고 있습니다. 좌파 인사들이 근거 없이 주장하는 "친일파들 때문에 나라가 망했다."라는 기괴한 논리를 적용하고 싶었나 봅니다.

북한을 '자주의 축'으로 바라보는 대목에서 신영복의 이념과 사상은 〈전향서〉를 쓴 이후에도 결국 감옥에 들어가기 전에 가졌던 '친북親北'의 틀에서 조금도 벗어나지 못했음을 알 수 있습니다. 케인스의 말 대로 젊은 시절 콘크리트처럼 딱딱하게 굳어진 이념과 사고방식은 바꾸는 게 거의 불가능한 것 같습니다.

10

마르크스의 『자본론』을 마음의 양식으로 삼은 사람!

인간은 생존을 위해 먹고 마시는 음식이 필요합니다. 음식은 몸에서 에너지로 활동을 가능하게 하고, 체질까지 바꿉니다. 음식과 관련해 "우리가 매일 먹는 게 삼대를 간다."라는 말이 있습니다. 매일 먹는 음식이 우리의 유전자를 바꾸고 나아가 운명까지 바꾼다는 얘기입니다. 고혈압이나 당뇨 등 성인병은 그 집의 음식과 식습관이 크게 영향을 미칩니다. 건강이 나빠질 때 의사가 제일 먼저 조언하는 게 음식 조절입니다.

중국 고서에도 식위천食爲天이란 말이 나옵니다. '음식이 곧 하늘'이라는 뜻으로 국내에 같은 이름의 음식점도 있습니다. 중국 당나라 때의 의학자 손사막孫思邈은 "사람이 만 가지 질병으로 고통받고 요절하는 것은 대부분 음식을 잘못 먹기 때문이다."고 강조했습니다.

음식이 몸을 위한 양식이라면, 책은 마음의 양식이라고 불립니다. 어떤 책을 읽느냐에 따라 그 사람의 생각이 바뀌고, 생각이 바뀌면 '행동, 습관, 성격'이 바뀌면서 결국 운명이 바뀐다고 합니다. 예컨대 동양 고전을 좋아하는 분들은 대체로 동양적인 사고를 하고, 서양 고전을 좋아하는 분들은 대체로 서양적인 사고를 하기 마련입니다. 한국인은 동양의 전통과 문화를 가지고 있으면서 동시에 서양의 제도와 기술로 살아가고 있습니다. 그런 만큼 동서양의 문화와 문물을 함께 알고 균형 잡힌 사고를 하는 게 필요하다고 여겨집니다.

평생 좌파식 사고로 일관한 신영복은 자신이 '마음의 양식'으로 삼은 책을 스스로 소개했습니다. 다음은 신영복이 『담론』에 쓴 글입니다.

"언젠가 어느 잡지사로부터 '내 인생의 한 권의 책'을 질문받았습니다. 난감했습니다. 결정적인 한 권의 책이 내게 없었습니다. 그렇다고 그런 책이 없다고 하자니 오만하게 비칠 것 같았습니다. 궁리 끝에 세 권을 준비했습니다. 『논어』, 『자본론』, 『노자』였습니다. 『논어』는 인간에 대한 담론이고, 『자본론』은 자본주의 사회구조에 관한 이론이고. 『노자』는 자연에 대한 최대 담론이라고 했습니다."

신영복은 많은 책을 읽은 사람입니다. 그런 사람이 자신의 인생에 영향을 끼친 책으로 3권을 꼽았는데, 그 대상이 묘합니다. 『논어』와 『노자』는 동양적 사고의 핵심이고, 『자본론』은 사회주의 사고의 핵심이기 때문입니다. 신영복의 말과 글이 대체로 좌파 사회주의 지향적이고, 중국 고전 이야기인데 그게 우연은 아닌 듯합니다. 자유민주주의와 자유시장경제가 태어난 서양의 정신 문화에 관한 언급은 상대적으로 거의 없습니다.

신영복이 소개한 『자본론』은 경제학의 역사, 아니 세계 역사에서 가장 논란이 많은 책 가운데 하나입니다. 어찌 됐든 20세기에 출현했다가 대재앙으로 사실상 막을 내린 '공산주의사회주의 체제'의 기본 틀을 형성하는 바탕이 됐기 때문입니다.

『자본론』에 대한 다양한 평가도 있지만 여기서는 20세기에 가장 뛰어난 경제학자인 존 메이너드 케인스의 이야기를 소개합니다.

"자본론에 대한 저의 생각은 쿠란이슬람교 경전에 대한 생각과 같습니다. 그것이 역사적으로 중요하다는 것을 알고 있습니다. 또한 그 책을 시대의 반석처럼 여기며 영감을 얻고 있는 사람 중에 멍청이가 아닌 사람도 있다는 것도 알고 있습니다. 하지만 제 생각으로는 이런 책이 왜 이 같은 반향을 가져왔는지 이해할 수 없습니다. 그 음침하고, 시대에 뒤떨어진 학문적 논쟁거리들은 그 목적을 이루기 위한 수단으로써 대단히 부적절해 보입니다. 쿠란도 마찬가지입니다. 어떻게 이런 책들이 불같은 기세로 세계의 절반을 휩쓸 수 있었을까요? 저로서는 이해가 가지 않습니다. 제 이해에 문제가 있는 거겠지요. 선생님은 자본론과 쿠란을 둘 다 믿으십니까? 아니면 자본론만 믿으십니까? 하지만 자본론의 사회학적 가치가 어떻든 간에, 경제학적 가치가 '0'이라는 것은 확신합니다."

『자본론』의 부제는 '정치경제학 비판'입니다. '비판'이 겨냥하는 대상은 경제학의 개별 이론들이 아니라 '정치경제학 전체'입니다. 공산주의를 정립한 사상가이자 『자본론』의 저자인 카를 마르크스의 계급투쟁을 통한 역사발전론을 주장한 인물입니다. 카를 마르크스의 영향을 받은 좌파 사상가들은 '계층'이라는 말보다 '계급'이라는 말을 즐겨 씁니다.

신영복은 『담론』 '군자는 본래 궁한 법이라네' 부분에서 이렇게 설명합니다.

"법은 원래 법을 만든 사람은 규제하지 못합니다. 2천 년이 지난 오늘의 우리 현실이 그것을 보여줍니다. 권력자는 법 감정이 없습니다. 처벌과 감시가 자기들의 소임이라고 생각합니다. 조선시대의 경연經筵이 그렇습니다. …오늘날의 민주공화국에서도 직접 민주제가 실현되는 나라는 없습니다. 대의제입니다. 대의제는 중간계급을 승인하는 구조입니다. 그리고 그 중간계급이 실은 민民보다는 인人을 대변하고 있는 것이 현실입니다. 그리고 중간계급은 경연처럼 최고 권력까지 규제하고 있습니다. 각국의 정치 구조를 조금만 들여다보면 보입니다. 예외 없이 이러한 계급 구조로 짜여 있습니다. 공자와 『논어』가 장수하는 역설적 이유입니다."

신영복은 글에서 계급이란 말을 의도적으로 사용하고 있으나, 이 단어는 자유민주주의 시장경제를 깎아내리려는 의도로 보입니다. 진실은 정반대이며, 계급이란 존재는 사회주의 국가에서 두드러지게 나타나고 있습니다.

먼저 계급과 계층의 의미부터 살펴볼 필요가 있습니다. 계급은 신분사회에서 나타나는 분류입니다. 귀족이나 양반 집안에 태어나면 자질, 재능, 성격, 품행과 관련 없이 대대손손 부귀영화를 누릴 수 있었습니다. 상민이나 노예의 집안에서 태어나면 아무리 재능이 뛰어나고 능력이 출중하고 아무리 열심히 노력해도 그 신분에서 벗어날 수 없으며 평생을 가난하게 지내야 하고 그 자손 역시 마찬가지였습니다. 계층간 이동이 있을 수 없는 부익부빈익빈 그 자체였습니다. 조선 시대 때는 세종 때 채택한 종모법從母法으로 인해서 어머니가 노비이면 그 자식은 노비였고 대대로 비참한 삶에서 벗어날 수가 없었습니다.

전 세계에서 지금 왕정 시대와 같은 계급이 존재하는 대표적인 나라가 북한입니다. 사회주의와 평등을 표방하는 북한에서 가장 중요하게 여기는 기준이 과거 신분사회와 같은 '출신 성분'입니다. 김일성 혈통을 포함해 혁명열사 유가족, 애국열사 유가족 등이 상위 1~2퍼센트를 차지하며 온갖 특권을 누립니다. 일반 군중과 감시 대상인 사람들은 특권층으로의 이동이 사실상 불가능합니다. 중국에서도 공산당에 공헌이 큰 사람들의 자녀들은 '태자당'으로 불리며 출세나 부의 축적 과정에서 큰 혜택을 받습니다. 중국 지도자 시진핑도 중국공산당 8대 원로 중 하나인 시중쉰을 부친으로 둔 덕분에 출세한 태자당 출신입니다.

자유민주주의 시장경제는 계급이 아니라 계층사회입니다. 경제력에 따라 부유층, 중산층, 서민층으로 나뉠 수 있으나, 누구나 사회적 지위를 높이고 부를 축적할 수 있는 기회를 지닙니다. 부모님을 잘 만나서 '금수저, 은수저'로 불리는 사람도 있으나, 자기 노력을 통해 맨주먹에서 거대한 부를 일군 사람도 많습니다.

신영복은 "법은 원래 법을 만든 사람은 규제하지 못합니다."라고 말합니다. 그런 말은 중국이나 북한 같은 나라에 적용되어야 합니다. 중국과 북한에서는 헌법 위에 공산당이 있고, 공산당 위에 최고 권력자가 있습니다. 법보다 권력자의 말이 우위에 있으며 절대적인 힘을 발휘합니다. 반면에 민주주의 국가에서는 대통령도 법의 적용을 받습니다. 대한민국 역사에서도 법정에 선 대통령이 여럿 있습니다.

신영복은 그런데도 여전히 계급이 존재하며, 법치가 제대로 작동되지 않는 북한과 중국의 현실에 대해서는 별다른 언급이 없습니다. 이는 마르크스의 『자본론』의 영향을 크게 받은 결과로 보입니다.

11

'보이는 것'에만 집착하는 좌파식 사고의 편협성

2030세대로 불리는 젊은이들이 요즘 거의 가지지 않는다는 모임이 있습니다. 바로 동창회입니다. 어차피 만날 사람은 만나게 되는데, 특정 기간에 같은 공간에 있었다는 이유만으로 시간과 돈을 들여 만날 이유가 없다는 겁니다. 중장년 세대가 혈연, 지연, 학연에 연연하고, 고시 동기니 군대 동기니 심지어 3개월짜리 대학원 단기과정 동기니 하며 어떻게든 인연을 엮으려는 것과 참으로 대비됩니다.

젊은 세대가 무작정 만남을 기피하고 관계 맺기를 싫어하는 것은 아닐 겁니다. 다만 그들은 '개인의 독립성과 주체성'을 중시하다 보니, 사람을 피곤하게 하는 '겉치레 만남'은 피하는 경향이 있다고 합니다. 형식과 체면보다는 내용과 실속을 중시한다고 할 수 있겠습니다. 중장년 세대가 대체로 집단 성향이 강한 농촌에서 어린 시절을 보낸 데 비해, 젊은 세대들은 줄곧 도시에 살면서 서양의 개인 문화에 익숙한 것도 하나의 원인이 될 수 있습니다.

평생 좌파적 사고를 했던 신영복은 '개인의 독립성과 주체성'에 대해, 그리고 도시의 독립적인 삶을 그리 높게 평가하지 않는 것 같습니다. 다음은 『담론』에 실린 글입니다.

"인간관계는 사회의 본질입니다. 사회에 대한 정의가 많지만, 사회의 본질은 '인간관계의 지속적 질서'라고 생각합니다. 이러한 관점에서 본다면 근대사회, 자본주의 사회, 상품사회의 인간관계는 대단히 왜소합니다. 인간관계가 지속적이지 않습니다. 자본주의 사회는 도시 형태를 띠고 있습니다. 도시에서 살고 있는 우리들의 삶을 돌이켜보면 인간적 만남이 대단히 빈약합니다. 이양역지以羊易之를 통해서 확인하려고 하는 것이 바로 우리 시대의 인간관계와 사회성의 실상입니다."

신영복의 도시에 대해 다음처럼 이야기합니다.

"도시는 누가 만들었나를 물어야 합니다. 도시는 자본주의가 만들었습니다. 자본주의의 역사적 존재 형태가 도시입니다. 그리고 그 본질은 상품 교환 관계입니다. 얼굴 없는 생산과 얼굴 없는 소비가 상품 교환이라는 형식으로 연결되어 있는 것이 자본주의 사회의 인간관계입니다. 얼굴 없는 인간관계, 만남이 없는 인간관계란 사실 관계없는 것과 다르지 않습니다. 얼마든지 유해 식품이 만들어질 수 있는 구조입니다. 우리 시대의 삶은 서로 만나서 선線이 되지 못하고 있는 점點입니다. 더구나 장場을 이루지 못함은 물론입니다."

신영복은 전통 사회에서 있었던 만남과 관계를 중시하고 그리워하는 것 같습니다. 신영복의 이러한 시각은 매우 그릇되고 진실과는 정반대입니다. 그도 중세에 '도시의 공기가 자유를 만든다.'는 표현을 알고 있을 것입니다. 그렇다면 신영복이 비난하는 도시는 어떻게 자유를 주었고, 어떻게 자본주의를 만들었을까요?

농촌으로 대표되는 전통적인 사회에서 만남과 관계는 매우 폐쇄적입니다. 도시에 살다가 자연을 찾아 시골로 이주한 분들이 가장 크게 느끼는 게 '시골 사람들의 따돌림'이라고 합니다. 전통적인 사회에서 그들은 관습과 선례에 기초한 집단적 권리와 특권을 행사하기도 합니다. 예컨대, 전통적인 사회에서 사람이 일상적으로 만날 수 있는 사람의 범위는 매우 좁습니다. 시간과 장소의 제약, 즉 물리적으로 많은 사람을 만나는 게 불가능합니다. 신영복의 주장처럼 만남과 관계를 중시하게 되면 그렇게 모인 사람은 '내부 집단'이 되고 이들은 곧바로 집단의 힘을 빌려 외부를 배척하게 됩니다. 혈연, 지연, 학연에 얽힌다든지 혹은 이념과 이익에 기초한 폐쇄 집단이 되는 것입니다.

반면에 도시의 삶은 근대의 기본권 즉 '개인의 자유'를 보장해줍니다. 타인에게 손실을 입히지 않는 한 대체로 모든 행동이 자유롭습니다. 타인에게 쓸데없이 간섭하지도 간여하지도 않습니다. 그런 만큼 대체로 모든 거래가 객관적이고 중립적으로 이뤄집니다.

도시의 발전이 경제의 발전입니다. 산업혁명이 처음 일어났던 영국의 런던은 1800년대 초에 인구 100만 명을 돌파했습니다. 도시화율이란 도시 지역에 거주하는 인구의 비율이 얼마나 되는지 파악하는 지표입니다. 산업사회로 발전할수록 도시화율이 높습니다. 미국은 1920년에 50%를 넘었고, 한국은 수출 100억 달러를 돌파하던 1977

년에야 50퍼센트를 찍었습니다. 도시 덕분에 근대사회가 열렸고, 세계 경제가 크게 발전해 인류는 오늘의 번영을 누릴 수 있었습니다.

신영복이 마음의 양식으로 삼은『자본론』에 기초한 그의 시각은 사실 '근대의 기본권, 즉 개인의 자주성과 독립성을 버리고, 전통 사회 혹은 집단 사회로 가자'라는 주장의 다른 표현이라고 봐도 무방하지 않을까요? 신영복은 '이양역지'를 통해서 '보이지 않는 것'도 중시한다고 했으나, 사실 그의 시각은 '보는 것'에 갇혀 있는 것 같습니다.

흔히 좌파는 '본 것'에 집중하고, 우파는 '보지 못한 것'에 집중합니다. 좌파는 당장 달콤한 선심 정책 즉 눈에 보이는 포퓰리즘에 집중하고, 우파는 당장은 달콤하지 않아도 미래에 좋을 '입에 쓴 정책'을 펼칩니다. 좌파가 물고기를 준다면, 우파는 물고기를 잡는 방법을 가르치는 경향을 보입니다. 좌파는 경쟁을 비인간적이라며 배격하지만, 우파는 경쟁이 진정으로 우리 삶을 윤택하게 한다고 믿습니다.

경쟁을 없앤 사회주의 국가 사람들은 공동식당에서 똑같은 식단으로 짜인 맛없는 식사에 의존했습니다. 신영복은 도시의 유해 식품을 걱정했지만, 사회주의 국가는 유해 식품을 따지기에 앞서 식품 자체가 부족하거나 없던 세상이었습니다.

경쟁의 가치를 깨달은 민주주의 국가 사람들은 다양한 식단으로 구성된 다양한 음식을 먹을 수 있었습니다. 전통시장의 순댓국 거리에 가보면 다양한 식당이 있는데 우리가 순댓국도 취향대로 골라 먹을 수 있는 건 경쟁 덕분입니다. 서로 더 많은 손님을 확보하기 위해 음식 수준을 높이려고 경쟁하니 갈수록 더 맛있는 순댓국을 접할 수 있게 된 것입니다.

반면 군 생활을 하신 분들은 알겠지만, 주는 대로 먹어야 하는 군대 짬밥은 참 맛이 없었습니다. 사회주의 국가와 마찬가지로 독점 배급의 폐해였습니다. 그래서 '요리사가 주는 대로 먹는다'는 의미의 오마카세맡김차림의 원조는 '군대 짬밥'이라는 웃픈우스우면서도 슬픈 농담도 있습니다. 다만 일반 오마카세는 손님이 선택할 수 있는 자유가 있는 반면, 군대 식당은 다른 선택지가 없었다는 차이가 있습니다.

유튜브에서 재미있는 영상이 하나 있습니다. 시장경제와 자본주의를 이해하지 못한 학생이 기업 대신 노동자가 생산수단을 가져야 한다고 주장합니다.

"기계나 원자재가 아무리 많아도 노동자가 조립하지 않으면 결국 남는 건 나무, 페인트, 흑연, 고무, 알루미늄뿐이에요. 결국 노동자가 필요합니다. 자본은 노동 없이는 굴러가지 않아요. 노조가 그래서 있는 겁니다. 하지만 추가 이익은 결국 공장 소유주나 투자자에게 돌아가지요."

강연자가 이렇게 반박합니다.

"공장주는 리스크를 감수합니다. 그러니까 보상을 받는 거지요. 회사가 망하면 빚을 갚아야 하는 건 공장주지만 노동자는 일자리만 잃을 뿐이지요. 빚을 떠안지는 않아요. 리스크를 감수한 사람이 손실을 떠안지요. 노동자는 손실을 떠안지 않고, 투자자가 그걸 떠안지요. 누가 더 기여했을까요? 수백만 달러를 들여 기계를 사고, 건물을 임대하고, 경영 구조를 만들고, 법인을 등록하고, 세금 규정까지 맞춘 사람일까요? 아니면 그냥 서 있다가 연필에 흑연 하나 끼운 사람일까요?"

생산을 위해서는 기업인, 투자자, 노동자 모두 필요합니다. 다만 기업인과 투자자가 있어야 노동자가 존재하는 것이며, 기업인과 투자자가 없으면 일자리가 없어 노동자도 존재할 수 없습니다. 기업인과 투자자가 부족한 아프리카나 남아시아에는 수많은 사람이 임금을 받는 노동자가 되지 못하고 실업자로 존재합니다.

좌파는 눈으로 보는 것에 집중하니 '땀의 대가' 등의 용어를 사용하며 현장에서 일하는 노동자를 우대하고 자본가를 경멸합니다. 우파는 보이지 않는 것까지 따지니 노동자 못지않게 자본가를 매우 우대합니다. 손에 든 망치만 따진 방송인 김제동은 '판사의 망치와 목수의 망치가 같은 가치를 가져야 한다'라고 했습니다. 판사의 '보이지 않는 가치'를 일부러 외면한 결과입니다. 그러면서도 본인은 시급으로 일만 원 안팎을 받는 아르바이트생과 달리 회당 1,000만 원이 넘는 강연료를 챙기는 '내로남불'을 실천했습니다.

신영복이 말한 '만남의 중요성'은 과거 농업 사회의 전근대적 사고방식의 연장이 아닐까 여겨집니다. 신영복은 '만남과 관계의 지나친 중시가 곧 간섭이 되고 정의를 왜곡할 수 있다'는 것을 인식하지 못하는 한계를 보인다고 생각합니다. 혈연, 지연, 학연 등 '만남과 관계의 중시'는 자칫 객관적 사고와 중립적 판단을 어렵게 하고, 민주주의의 근간인 '법 앞의 평등'을 훼손할 수 있음을 보지 못했을 수도 있습니다. 정의의 여신 디케Dike는 '선악을 판별하여 벌을 주는 여신'으로 여신상은 대개 두 눈을 안대로 가리고 있습니다. 이는 정의를 실현하기 위해서는 어느 쪽에도 기울지 않는 공평무사한 자세를 지킨다는 것을 의미합니다. 인간 사회에서 정의를 무너뜨리는 '내로남불' 현상, 즉 '팔은 안으로 굽는다'라는 세태를 막기 위함이었습니다.

12

문명의 혜택을 누리면서도 이를 부정하는 이중성!

신영복은 평생 좌파적 사고로 살다 보니 자유민주주의와 시장경제가 만들어낸 현대 문명과 문화에 대해 비판적입니다. "현대 문명은 모순 덩어리다. 현대 문명의 종착지는 멸망뿐이다."라고 주장하면서 살아가는 사람들과 비슷합니다. 대안을 제시하지 못한다고 하더라도 비판과 비난으로 일관해야 인정받는다고 생각하는 '허영의 지식인들'이 그런 모습을 보입니다.

미국의 좌파학자로 노암 촘스키가 있습니다. 노암 촘스키는 "부패한 정부는 모든 것을 민영화한다."라며, 『실패한 국가 미국을 말하다』를 비롯해 수많은 책에서 "미국 자본주의는 곧 망할 거야!"라고 외쳤습니다. 그의 주장과 반대로 미국 경제는 계속 강해지고 있습니다. 1928년생인 노암 촘스키의 근거 없는 예언은 늘 빗나갔고, 그의 생전에 미국은 여전히 세계 최강대국의 지위를 유지할 것입니다. 대한민국 내에는 몽상에 사로잡혀 수십 년 동안 허튼소리를 해온 노암 촘스키를 좋아하는 좌파 지식인들이 꽤 있습니다. 이해가 가지 않는 대목입니다.

신영복이나 노암 촘스키 같은 사람들은 자신을 '비판적 지식인'이라고 자리매김하면서 현대 문명에 칼날을 들이댑니다. 대수술이 필요하다는 것이지요. 그렇지만 그들의 주장에는 대부분 '마땅한 대안'이 없습니다. 대책도 없으면서 무작정 목소리만 높인다는 것이지요. 그들은 건전한 비판자가 아니라, 세상을 어지럽히는 '혹세무민의 현대판 향원鄕原이자 사이비 지식인'으로 보는 게 옳습니다.

이병철 삼성 회장도 자서전인 『호암자전』에서 "일하는 자에게는, 일하지 않는 자가 항상 가장 가혹한 비판자 노릇을 하는지도 모른다."라고 말했습니다. 사회의 곡해로 인해 기업인으로서 스스로 엄청난 괴로움과 고통을 겪은 데 따른 소회였습니다. 역으로 얘기하면 대안 없는 비난과 비판이 가장 쉬운 법이라는 따끔한 지적이기도 했습니다.

신영복은 『담론』에서 다음처럼 이야기합니다.

"노자 철학을 압축하여 '인법지人法地 지법천地法天 천법도天法道 도법자연道法自然'이라고 합니다. 사람은 땅을 본받고, 땅은 하늘을 본받고, 하늘은 도를 본받는다는 것입니다. 그런데 이 천지인의 법칙인 도를 본받는 것이 바로 자연입니다. 도법자연입니다. 최고의 궁극적 질서가 자연입니다.

노자 철학의 근본은 궁극적 질서인 자연으로 돌아가는 것입니다. 돌아간다는 것은 그것에 발 딛고 있어야 한다는 뜻입니다. 고층 건물에서 내려와 땅 위에 발 딛고서야 한다는 뜻입니다.

오대산에서 발원한 강물이 북한강과 남한강으로 나뉘어 흘러오다가 두물머리에서 합강하고 다시 서울을 환포하면서 서해로 흘러갑니다. 이러한 강물의 곡류는 오랜 세월 동안 만들어진 가장 안정적인 질서입니다. 곳곳에 댐을 막아 강물을 돌려놓지만, 홍수가 한 차례 지나가면 다시 본래의 모습으로 돌아갑니다. 인간이 영위하는 수많은 인위적 규제와 문화도 결국은 자연이라는 궁극적 질서로 복귀합니다. 그것이 도법자연입니다. 가장 안정적인 시스템이 자연입니다.

노자는 분명히 4대강 사업을 반대할 것입니다. 자연의 질서에 가하는 일체의 인위는 자연이라는 질서로 보면 거짓입니다. 인人과 위爲를 합하면 거짓 위가 됩니다. 인위는 참다운 것이 아니고 최고가 아닙니다."

신영복의 말은 왠지 그럴듯해 보입니다. "자연으로 돌아가라!"라고 외친 장 자크 루소를 연상시킵니다. 루소는 "자연은 인간을 선량·자유·행복하게 만들었다. 그런데 사회가 인간을 사악·노예·불행으로 몰아넣었다."라고 주장했습니다. 과연 그럴까요?

인류의 문명은 '자연을 이용하고, 자연재해를 극복'하는 과정을 통해 발전했습니다. 인류의 4대 문명인 이집트, 메소포타미아, 인도, 중국 문명은 모두 거대한 강변에서 발생했습니다. 인류는 지혜를 발휘해 자연을 적절히 활용했고, 그 결과 지금 전 세계에 약 80억 명의 인류가 살고 있습니다.

인류가 오랜 세월 이룩한 문명을 깡그리 무시하면 어떻게 될까요? 인류는 대략 지금으로부터 1만 2천 년 전에 농업을 시작했다고 합니다. 농경 활동을 시작하고 도시를 형성하기 시작하는데, 학자들은 농경을 막 시작할 당시의 세계 인구는 약 500만 명 정도로 추산합니다.

농사를 짓기 시작하면서부터 인류는 280만 년간 유지해왔던 수렵채집이라는 삶의 방식에서 벗어나게 됩니다. 자연에 손끝 하나 대지 않는다면 수렵채집의 시대로 돌아가야 합니다. 원시 자연으로 돌아가면 80억 명 가운데 500만 명만 살아남고 나머지는 아마 굶주림으로 생명을 잃어야 할 겁니다. '자연으로 돌아가라'라는 주장의 이면에는 이러한 진실이 숨겨져 있습니다.

인류의 인구는 산업혁명 이후 급격히 늘었습니다. 산업혁명이 시작되던 1750년 당시 세계 인구는 약 10억 명이었습니다. 산업혁명은 현대 문명의 모습을 만들었는데, 현대 문명을 깡그리 무시하고 산업혁명 이전으로 돌아가면 80억 인류 가운데 70억 명이 살길이 없습니다.

신영복은 "노자는 분명히 4대강 사업을 반대할 것입니다."라고 했습니다. 그는 댐과 보를 건설하는 것에도 부정적입니다. 그러한 신영복도 현대 문명의 핵심인 전깃불 밑에서 글을 썼을 테고, 한강의 댐에서 끌어온 물로 음식을 조리하고 몸을 씻고 목마르면 마셨을 것입니다. 강연하러 집을 나서거나 이동할 때는 문명의 이기인 자동차나 전철을 이용했을 겁니다. 지금의 선진 대한민국이 없었다면 신영복처럼 '현대 문명의 비판자'로 자리매김한 사람들이 순전히 강의만 해서 먹고살기가 참 힘들었을 겁니다.

이들은 사실이 이러함에도 불구하고, 어떠한 대안도 없이 현대 문명 즉 '자유민주주의와 시장경제'가 쌓아 올린 업적에 대해 그저 '반대, 반대, 또 반대…'로 일관합니다. 이는 그들의 발이 땅이 아니라 허공을 딛고 있으며, 그들의 사고가 사실이 아니라 허상을 바탕을 두고 있기 때문입니다. '실사구시' 즉, 사실에 입각하여 진리를 탐구하려는 태도와는 담을 쌓은 자세입니다. '거짓과 위선의 지식인, 대안 없는 거짓 전파자들'의 목소리에 현혹되는 일은 없어야 하겠습니다.

13

다수가 정의이며 민주주의라는 주장은
전체주의자이자 반 ^{反} 민주주의자!

"다수가 정의라는 사실이 민주주의입니다. 이처럼 다수는 힘이며 그 자체가 정의입니다."

신영복은 『담론』에서 이렇게 주장했습니다. 이 부분을 읽고 깜짝 놀랐습니다. 일부 민주당 인사들이 아무런 근거 없이 "다수결이 정의다!"라고 외치는 게 아니었습니다. 신영복 같은 사람의 영향을 받았기 때문입니다. 신영복의 주장이 대한민국에 진실로 받아들여지면 '자유민주주의 대한민국'의 기초가 무너질 수 있기 때문입니다.

민주주의는 고대에나 지금이나 완성하기 힘든 이상이었고 완벽하게 실현하는 것은 불가능합니다. 완전한 민주주의를 위한 노력이 있을 뿐입니다. 민주주의를 실현하기 위한 수단으로 투표, 다수결의 원칙, 대표 선출제 등이 있으나 그렇다고 이를 통해 민주주의를 완성하는 건 현실적으로 불가능합니다. 예컨대 투표 자체만으로 민주주의라고 볼 수 없는 게 역사적으로 독재자들은 투표용지 위에 무엇을 적을지, 국민에게 어떻게 투표할지를 강요한 사례가 무수히 많기 때문입니다.

텍사스주립대 철학과 종신교수였던 폴 우드러프는 『최초의 민주주의』라는 책에서 "소수를 위협하고 배제하며 다수의 절대 권력 아래 소수를 종속시키는 정치는 다수에 의한 독재로 자유를 끝장낸다."라고 주장했습니다. 그는 "다수결의 원칙이란 단지 다수에 의한, 다수를 위한 정치체제일 뿐, 그 자체로 민주주의는 아니다."라고 강조했습니다. 과거 기사를 찾아보니 한겨레신문도 과거 한나라당이 다수당이자 여당일 때 국회 상임위원장을 모두 차지하려고 하자 '다수결 독재'라는 표현을 썼습니다.

'민주주의가 무엇인가'에 대해 '다수결'이라고 응답하는 사람이 무척 많습니다. 친구들과 만나 어떤 음식점으로 갈지 혹은 어디로 여행할지를 결정할 때 다수결의 원칙을 많이 적용합니다. 학급 반장을 뽑을 때, 혹은 국회의원이나 대통령을 뽑는 선거도 다수결로 정합니다. 사람들의 의견이 엇갈릴 때, 또는 갈등이나 문제가 발생할 때 다수결의 원칙을 사용합니다.

하지만 다수결은 의사결정을 위한 하나의 방법일 뿐이며, 그게 정의는 아닙니다. 다수결의 원칙이 늘 최고의 선택을 보장하는 것은 아닙니다.

다수결의 가장 큰 문제점은 '무엇이 옳고 그른가'를 따지지 않는다는 점입니다. 예컨대 현대인의 눈으로 도저히 인정할 수 없는 노예제의 경우 과거에 이를 정의가 아니라고 여긴 사람은 거의 없었습니다. 민주주의가 싹튼 아테네도 노예의 산업활동에 기반을 둔 사회였습니다. 신영복이 말한 '다수가 정의다'는 말은 진짜 위험한 발상인 것입니다. 다수가 찬성했다는 이유로 잘못된 정책을 시행하거나 타국을 침략하는 전쟁을 일으키는 게 정의는 아닙니다.

다수결의 원칙은 모든 사람의 생각과 바람을 담아내지 못하는 문제가 있습니다. 민주주의에서 중시하는 '개인 의사의 존중'이 이뤄지지 않습니다.

'다수가 무조건 정의인 사회'로 규정하면서 다수결의 원칙을 '조자룡 헌 칼 쓰듯상대의 칼과 창을 제 것처럼 맘대로 사용하는 것처럼 자신에게 주어진 권력 권한을 남용한다는 의미.' 적용하는 게 사회주의나 공산당 독재국가들입니다. 그들은 표면적으로 인물 선출이나 정책 결정을 다수결로 정하면서 "100퍼센트 투표, 100퍼센트 찬성…인민들이 열렬히 찬성했다."라고 선전합니다. 조금이라도 다른 의견을 내면 '반동분자, 분열론자'로 몰아붙여 숙청하거나 제거합니다.

장 자크 루소는 1762년에 저술한 『사회계약론』에서 자유와 평등의 자연권을 국가 상태에 있어서 확정하기 위한 이론적 근거로서 사회계약론을 전개하고 인민주권의 이론을 펼쳤습니다. 권력 행사가 정당화되는 유일한 조건으로서 '항상 정당한 일반 의지'를 설정하고, 실제에서는 그것이 직접적인 다수결 에 의하여 확인될 수 있다고 했습니다. 루소의 '일반의지와 다수결 논리'는 전체주의와 사회주의에 논리적 근거를 제공하는 결과를 초래했습니다.

민주주의 국가에서는 결코 '다수가 정의다'라고 억지 주장을 펼치지 않습니다. 필자가 일전에 출간한 『정치입맛 경제밥상』에 다음과 같은 표현이 있습니다.

"다수결의 원칙을 단순히 숫자로만 생각하면, 소수 의견은 아무리 옳더라도 배척당할 수밖에 없다. 비판적 사고가 부족하고 편견을 지닌 사람들에 의해 정치가 좌우되는 중우정치衆愚政治가 활개를 치거나 다수의 횡포에 따라 국론 분열이 심해지는 현상이 나타날 수 있는 것이다.

일부 전문가들은 이에 대해 '민주주의라는 게 국민이 나라의 주인이라는 아름다운 포장지만 걷어내고 나면 더 이상 한심할 수 없다.'라고 지적한다. 수학의 통계에서 널리 사용되는 개념 가운데 '정규 분포normal distribution'가 있는데, 이는 신장 지능 지성 등에 대입하면 평균치를 중심으로 가운데가 볼록하고 좌우로 점차 낮아지는 모습을 띠게 된다. 정치 행위인 투표에서는 지성과 관계없이 1인 1표이므로 상위 1%의 지성인이나 하위 1%의 백치나 같은 목소리를 내게 되는데, 이게 납득이 되지 않는다는 게 다수결의 위험성을 지적하는 사람들의 논리다. 사람의 인격에는 차이가 없지만, 지성에는 차이가 있는데 이를 무시하다 보니 자칫 이성보다는 감성에 휘둘리는 정치가 판을 치면서 '인기몰이에 능한 리더'만 양산할 수 있다는 것이다.

21세기 들어 활개를 치는 포퓰리즘을 들여다보자. 포퓰리즘은 민주주의 국가의 가장 큰 문제점으로 지적되고 있다. 포퓰리즘은 1890년 미국의 양대 정당인 공화당과 민주당에 대항하기 위해 생긴 인민당Populist Party이 농민과 노조의 지지를 얻기 위해 경제적 합리성을 도외시한 정책을 표방한 것에서 유래했다. 세계 정치사에서 포퓰리즘의 대명사로 아르헨티나의 후안 도밍고 페론1895~1974이 꼽히는데, 그는 대중의 인기를 노리고 노동조건의 개선과 임금인상 등 선심성 경제정책을 남발해 국가 경제를 파탄으로 몰고 갔다. 흥미로운 사실은 페론이 1955년 군사쿠데타로 물러났다가 18년 뒤인 1973년 대통령 선거에서 부활했다는 점이다. 포퓰리즘에 한번 중독된 국민으로부터 다시 선택을 받은 셈이다.

포퓰리즘은 국민의 다수를 차지하는 '저소득층과 빈민층'을 표면적으로 우대하는 정책을 펴기에 다수결의 원칙이 작용하는 선거에서 이길 확률이 높다. 예컨대 우리 정치권은 2016년 국회에서 5억 원을 초과하는 소득에 대해 소득세 최고세율을 38%에서 40%로 올렸다. 소득세 최고세율 인상으로 정부는 연간 6,000억 원의 세금을 더 걷을 수 있게 됐다. 적용 대상자는 4만 6,000명에 불과하다. 2014년 기준으로 상위 1.5%에 해당하는 연 소득 1억 2,000만 원 이상 근로자가 전체 소득세의 40.9%를 냈다. 범위를 소득 상위 10%로 넓히면 이들이 전체 소득세의 86% 수준을 부담한다.

소득세 인상을 놓고 전 국민을 대상으로 투표에 부친다면, 당연히 고소득층에만 적용되는 소득세 인상은 압도적인 차이로 통과될 가능성이 크다. 세금은 소수인 부자가 내고 혜택은 다수가 본다는 사실을 투표권을 가진 사람들이 너무나 잘 알기 때문이다.

법인세는 더 편향적인 모습을 보인다. 상위 10% 기업이 법인세의 90% 이상을 내는 구조로 되어 있다. 문제는 이러한 세금 인상이 자칫 징벌적인 성격을 지니면 열심히 일해서 소득을 높이고 재산을 축적한 사람을 괴롭히는 제도가 될 수 있다는 점이다. 하지만, 정치권은 단순히 '1인 1표의 다수결 원칙'이 적용되는 상황을 고려해, 득표에 도움이 된다는 차원에서 세금 인상을 쉽게 얘기한다. 학교 급식을 공짜로 해주겠다는 것이나, 교통비와 각종 공과금 면제, 학자금 감면 등의 정책이 먹히는 것도 '소수의 부담, 다수의 혜택'이라는 방식이 적용되고, 선거에서는 늘 혜택을 받는 다수의 지지를 얻기가 쉽기 때문이다."

신영복의 주장처럼 '다수=정의'가 되면 소수는 설 자리가 없습니다. 다수가 소수에 대한 탄압을 목표로 하게 되면 강경파의 비중이 높아지고 합리적인 목소리가 발을 붙이기 어려워집니다. "고인 물은 썩는다."라는 말처럼 닫힌 사회가 됩니다.

이처럼 '다수가 정의가 되고, 다수가 진리가 되는 세상'은 발전이 없습니다. 인류 사회는 다양한 의견의 분출과 '진리의 끊임없는 검증'을 통해 발전해왔습니다. 역사적으로 보면 오늘날 진리로 받아들여지는 생각이 과거 어느 시절에는 '거짓 주장, 불온한 생각'으로 박해의 대상이 되었습니다.

'지구가 태양 주위를 돈다'라는 지동설은 지금은 모두가 아는 사실이지만 불과 500년 전에는 그런 주장으로 인해 죽임을 당한 사람도 있었습니다. 조선시대에 주자학 이외의 모든 주장은 '사문난적斯文亂賊'으로 몰려 고초를 겪었습니다. 동서양을 막론하고 왕정 시절에 "국민이 나라의 주인이다!"라고 외친 사람은 목숨을 내놔야 했습니다. 이런 주장은 당시 사회에서는 모두 소수 의견, 아니 극소수 의견이었습니다.

'다수결이 정의이고 민주주의다'라는 주장은 곧 스스로가 반(反)민주주의자임을 인정한 의미입니다. 동시에 소수의 의견도 존중하는 사회, 즉 '열린 사회의 적'이라고 할 수 있습니다.

14

좌파 사고를 하는 사람들은 왜 대한민국이 일본을
추월한 사실을 외면할까?

동서고금을 막론하고 '먹고사는 문제'는 가장 중요합니다. 먹고사는 문제는 정치의 본질이자 경제의 본질이기도 합니다. 그래서 많은 나라가 경제발전에 총력을 기울입니다.

재미있는 사실은 사람들이 지닌 이념에 따라 경제발전을 보는 시각이 매우 다르다는 겁니다. 우파 보수는 경제발전의 밝은 면 즉 영광을 봅니다. '부의 증가와 생산성 향상'이 가져오는 삶의 질 향상을 바라봅니다. 경제발전을 이끈 정치인, 경제발전의 주역으로 활동한 기업인을 높이 평가합니다. 대한민국 역사에서 박정희 대통령, 이병철 삼성 회장과 정주영 현대 명예회장 등의 공적을 높이 평가합니다. 부자가 많은 나라가 부국이고, 대기업이 많은 나라가 경제 강국임을 잘 알기 때문입니다. 예컨대 인구가 880만 명인 스위스는 2023년 기준 1인당 GDP국내총생산가 10만 달러인데, 글로벌 500대 기업 가운데 11개가 스위스 국적입니다. 인구가 6배나 많은 한국15개과 큰 차이가 나지 않습니다.

좌파는 저임금, 아동노동 등 지저분한 공장과 열악한 노동조건을 강조합니다. 그러다 보니 좌파는 경제발전의 긍정적인 측면을 잘 언급하지 않습니다. 박정희 대통령은 독재자이며, 이병철 회장과 정주영 명예회장은 노동자의 희생을 대가로 부를 축적한 악덕 기업인으로 보는 측면이 강합니다.

대한민국 1인당 GNI국민총소득는 2023년 기준 3만 6,194달러로 일본3만 5,793달러을 추월했다는 기사가 나왔습니다. 국민소득이 일본을 앞선 건 엔화 가치가 원화보다 상대적으로 많이 떨어진 덕분이기도 합니다. 일본의 기초과학이나 제조 능력은 여전히 세계 최고 수준이어서 수치상 호전에 마냥 기뻐할 일은 아닙니다. 이럴 때일수록 우리 경제가 가진 취약점도 돌아볼 필요가 있습니다. 그런데도 이 뉴스가 즐거운 뉴스라는 사실은 분명합니다. 엔저 덕분에 많은 국민이 저렴한 비용으로 일본 여행을 즐기고 있는 게 현실입니다.

재미있는 것은 운동권 출신이 많은 민주당은 '대한민국 국민소득의 일본 추월'을 그다지 반기지 않는다는 겁니다. 우리 경제가 그만큼 커졌다는 걸 인정하면, '한강의 기적을 쓴 주인공들, 즉 산업화의 주역'들이 했던 역할을 인정하게 되기 때문이 아닐까 생각됩니다. 박정희, 정주영, 이병철, 박태준 등이 상대적으로 더욱 빛나게 되니까요. 좌파 사고를 하는 사람들의 반反기업 정서에는 대한민국 경제발전을 이끈 정치인과 기업인이 설 자리는 없을 겁니다.

신영복도 경제에 대해서는 매우 비뚤어진 시각을 갖고 있습니다. 신영복은 『담론』에 다음과 같이 썼습니다.

"장자가 전개하는 반反기계론은 그 기사機事 때문에 기심機心이 생긴다는 것입니다. 좀 더 (일을) 쉽게 하려는 마음이 생긴다는 것입니다. 마음속에 이러한 기심이 생기면 순수한 마음이 없어집니다. 일을 쉽게 하려고 하고, 힘들이지 않고, 그리고 빨리하려고 하는 이런 기심이 생기면 순수하지 못하게 됩니다. 『장자』에서 이 '반기계론'을 선택한 이유가 물론 있습니다. 기계, 기술, 속도, 효율성에 대한 우리 시대의 신화를 반성하자는 것입니다. 교재에는 1810년대에 일어났던 영국의 러다이트Luddite 운동을 소개했습니다. 노동자들이 중심이 된 기계 파괴 운동입니다. 기계 때문에 많은 사람이 실업자가 되었습니다. 지금도 다르지 않습니다. 발전한 자본주의 국가일수록 자동화, 기계화, 인공지능화 때문에 생기는 실업 문제가 갈수록 더 심각합니다. 실업하거나 비정규직화합니다. 노동조건이 더욱 열악해지고 있습니다. …한 사람이 10만 명을 먹여 살리는 환상을 보여주면서 꿈의 신기술이 예찬되고 있습니다. 그러나 현재와 같은 구조라면 한 사람만 고용되고 10만 명이 해고됩니다. 그 한 사람의 노동을 로봇이 수행한다면 그리고 그 로봇이 시장에서 물건을 구입하지 않는다면 자본주의 경제 시스템은 정지됩니다. …기계가 도입되면 6시간 걸리던 필요노동시간이 3시간으로 줄어듭니다. 기계가 갖는 효율로 말미암아 6시간 걸리던 것이 이제 3시간밖에 걸리지 않게 된다는 것은 그 생산물의 가치가 6에서 3으로 줄어들었다는 것을 의미합니다. 가치량이란 그 속에 담긴 노동시간이기 때문입니다. 우리는 효율성이 높은 기계를 사용해서 만들었거나 효율성이 낮은 기계를 사용해서 만들었거나 시장에서 동일한 가격으로 거래되기 때문에 가치와 가격을 같은 뜻으로 이해합니다만 기계는 가치를 늘리는 것이 아니라 줄이는 역할을 합니다."

신영복의 주장은 정확한 진실과 너무나 다릅니다. 왜곡도 이런 왜곡이 없습니다.

발달한 자본주의 국가일수록 실업 문제가 심각하다고 하는데, 그가 인도나 방글라데시 혹은 이집트와 이라크, 아프리카 국가들을 직접 가봤다면 절대 할 수 없었을 '헛소리'입니다. 필자가 10여 년 전 인도와 방글라데시를 방문했을 때 보았던 '빈곤에 찌들었든 풍광'은 여전히 기억 속에 강하게 자리 잡고 있습니다.

경제 역사가인 토머스 애쉬턴은 1948년 아직 산업화하지 않은 아시아에서의 삶과 산업혁명기 잉글랜드에서의 삶에 관해 이러한 비교를 제시했습니다.

"오늘날 인도와 중국의 평원들에는 역병과 배고픔에 찌든 남자와 여자들이 있다. 겉으로 보기에 이들의 생활은 낮에는 그들과 함께 일하고 밤에는 그들과 잠자리를 나누는 가축들의 생활보다 더 나아 보이지 않는다. 그러한 아시아적 기준 그러한 기계화되지 않은 공포가 산업혁명을 거치지 않은 채 숫자가 증가하는 사람들의 운명이다."

신영복은 "'한 사람이 10만 명을 먹여 살리는 환상'을 보여주면서 꿈의 신기술이 예찬되고 있습니다."라고 비판합니다. 지금 대한민국이

반도체와 전자제품으로 먹고산다는 사실을 애써 외면합니다. 그런 신영복은 대한민국의 부가가치를 높이는 데 얼마나 공헌했을까요? 신영복은 '가치량이란 그 속에 담긴 노동시간'이라고 하는데, 이건 역사적으로나 이론적으로 엉터리로 판명이 난 '마르크스의 죽은 이론'에 불과합니다. 신영복은 사망할 때까지 케케묵은 노동가치설을 신봉했던 것입니다. '가치=노동시간'의 편견으로는 '생산성 증가=경제발전'이라는 사실을 받아들이기 어렵습니다. 오늘날 북유럽 국가들이 '복지는 생산성에서 나옵니다'라고 주장하는데, 신영복이나 그를 따르는 좌파 이념의 민주당 사람들과 민주당 지지자들은 도저히 이해할 수 없을 것입니다. 생산성이란 토지, 자원, 노동력 따위 생산의 여러 요소를 투입해 더 많은 부가가치를 창출하는 것으로 신영복처럼 '가치량=시간'으로 계산하지 않습니다.

카를 마르크스와 함께 〈공산당 선언〉을 작성한 프리드리히 엥겔스는 24세인 1845년에 쓴 『영국 노동자계급의 상태』에서 맨체스터의 모습을 다음처럼 소개합니다. 윌리엄 번스타인의 『부의 탄생』에서 인용

"후드스필드 도심의 모든 거리와 많은 뒷골목은 판석이 깔리거나 포장되지 않았고, 하수도는 물론 심지어 배수구도 설치되지 않았으며, 쓰레기와 온갖 종류의 더러운 것이 노천에 그대로 드러나 썩어 고약한 냄새를 풍기며, 거의 언제나 고인 물이 웅덩이를 이루고 있고, 인근 주택들 역시 열악하고 더러운 상태였으며, 질병 발생과 도심 전체

의 위태로운 건강은 너무나 당연했다."

그렇지만 빈곤 문제가 극심하던 맨체스터는 1846년 영국 곡물법이 폐지되면서 노동자들이 더 저렴한 가격에 식료품을 구할 수 있게 되고, 영국 면직물이 중국과 호주 등으로 수출되면서 커다란 호황을 누립니다. 신흥 중산층들이 성장하는 단계가 되었고 오물로 뒤덮여있던 도로가 새로 포장됩니다. 빈민가가 있던 자리에는 고층 건물들이 들어서기 시작했습니다.

엥겔스는 몇 년의 시간이 흐른 후 다시 맨체스터를 찾았을 때, 자신이 맨체스터를 바탕으로 저술했던 『영국 노동계급의 상태』가 구닥다리 책이 되었다는 것을 깨닫고 아연실색했다고 합니다. 1968년에 감옥에 간힌 신영복이 20년이 흐른 후 다시 서울의 풍광을 보았을 때 엥겔스와 비슷한 심정이었을 겁니다.

엥겔스가 묘사했던 1840년대 맨체스터 슬럼가의 모습은 오늘날 인도, 방글라데시, 필리핀, 이집트, 나이지리아. 포퓰리즘에 찌든 베네수엘라 등에서 쉽게 찾을 수 있습니다. 모두 자본주의와 시장경제가 제대로 발전하지 못한 국가들입니다.

15

한비자의 법가 사상을 칭찬한 신영복이
한국 정치인을 본다면?

대한민국 정치체제인 민주주의는 말 그대로 해석하면 '국민이 주인인 정치체제'입니다. 국민이 주인이 되려면 가장 지켜져야 할 게 무엇일까요? '법 앞에 평등'입니다. 민주주의 발상지인 그리스에서는 민주주의가 우중愚衆정치가 될 수 있다며, 민주주의 정치체제에서는 가장 중요한 게 '법 앞의 평등Isonomia'이라고 강조했습니다. 이소노미아라는 단어는 그리스어에서 정의라는 의미도 담고 있으며, 민주주의보다 먼저 등장했다고 합니다.

'법 앞의 평등'이 없어지면 어떻게 될까요? 힘 있고 돈 있는 사람이 득세하고, 약자는 살아갈 길이 막막한 세상이 됩니다. 좌파 사고를 하는 사람들이 그렇게도 싫어하는 '불평등한 세상'이 만들어집니다. 권력자만 득세하는 세상, 즉 북한의 김정은, 중국의 시진핑, 러시아의 푸틴 등 독재자들이 죽을 때까지 군림하는 독재국가가 되고 민초는 아무런 힘도 발언권도 없는 세상이 됩니다.

좌파 이념에 물든 신영복도 '법 앞의 평등'을 주장하는 『한비자』의 법가 사상은 매우 긍정적으로 평가합니다. 그렇다고 법가 사상을 무시하는 사회주의 국가들에 대한 비판이나 비난의 글은 일절 찾아볼 수 없습니다. 그러한 취사선택의 기준이 무엇인지 모르겠습니다.

아무튼 신영복은 『담론』에서 다음처럼 얘기합니다.

"법가 사상은 제왕학이고 군주론입니다. 군주론이면서 법가인 까닭은 군주는 법을 만들지만, 그 법은 성문화되고 공개됩니다. 법을 성문화하고 천하에 반포하는 공개 제도는 군주의 자의권恣意權도 규제합니다. 기원전 513년 진나라에서 형정刑鼎을 만들었습니다. 형정이라는 것은 형법의 법조문을 솥에 새겨서 모든 사람이 보게 하는 겁니다. 성문법의 공개입니다. 유가 학파는 형정에 반대합니다. 그것이 귀족의 특권을 무력화할 수 있음을 직감했기 때문입니다. 유가학파의 이러한 입장은 『춘추좌전』에 잘 나타나 있습니다. '형정을 만들어 민民이 형정의 법조문만 마음에 두게 되었으니 무엇 때문에 민이 귀족을 존중하겠는가? 민재정의 하이존귀民在鼎矣 何以尊貴'. 유가는 중간계급입니다. 법가는 군주의 직접 통치입니다. 비읍을 직접 통치하는 체제이며 중간계급을 관료로 대체합니다. 이러한 체제가 법가 통일의 요체였음은 물론입니다.…"

신영복은 한비자에 나오는 '법을 받드는 것이 강하면 나라가 강해지고, 법을 받드는 것이 약하면 나라가 약해진다.'라는 구절을 이용하면서 이렇게 주장합니다. "가히 법 지상주의입니다. 먼저 법을 지키지 않는 부류들을 분명하게 지적합니다. 귀족, 지자知者, 용자勇者들입니다. 당시에도 오늘날처럼 특권층은 법을 지키지 않는 법외자法外者들이었습니다."

신영복은 법가 사상이 조직론, 통치론, 행정학까지 아우르는 정치학에 가깝다고 말합니다. 맞는 이야기입니다. 중국 진나라가 법가를 활용해 천하를 통일했고 그 이후의 왕조들도 법가 사상을 늘 활용했으니 오늘날의 정치학이라고 할 수 있습니다.
신영복은 그러면서 법가를 통해 오늘날의 현실을 비판합니다.

"예불하서인 형불상대부禮不下庶人 刑不上大夫는 서주 시대 이래 널리 통용된 형 집행 원칙입니다. 예는 서민들에게 내려가지 않고, 반대로 형은 대부에게 올라가지 않는다는 뜻입니다. 대부 이상의 귀족 계급은 예로 다스리고. 서민들은 형으로 다스린다는 뜻입니다. 예로 다스릴 계층과 형으로 다스릴 계층이 구분되어 있습니다. 법가는 이러한 차별을 철폐합니다. 대부든 서인이든 똑같이 형으로 다스려야 한다는 것이 법가의 원칙입니다. 유가는 서인들까지 예로 다스려야 한다는 입장입니다. 법가는 이러한 유가를 현실을 모르는 이상주의자라고 하고, 유가는 법가를 가혹하다고 했습니다.
오늘날 우리 현실을 생각해보면 법가의 원칙이 관철되고 있다고 보기는 어렵습니다. 여러분도 모르지 않으리라고 봅니다. 대부 이상은 예로 처벌하고 서민들은 형으로 처벌하는 것이 우리의 사법 현실입니다. 정치인이나 경제사범은 그 처벌도 경미하고 또 받은 형도 얼마

후면 사면됩니다. 내가 교도소에서 자주 보기도 했습니다만 입소해도 금방 아픕니다. 병동에 잠시 있다가 형 집행정지로 석방됩니다. 휠체어로 검찰과 법정에 출두합니다. 이러한 사법 현실도 문제이지만 더욱 무심한 것은 우리의 사회의식입니다. 정치·경제사범은 불법행위자입니다. 반면에 절도, 강도와 같은 일반 사범은 범죄인이 됩니다. 엄청난 인식의 차이입니다. 한쪽은 그 사람의 행위만이 불법임에 반하여, 다른 쪽은 인간 자체가 범죄인이 됩니다. 사법 현실과 사회의식은 예나 지금이나 크게 다르지 않습니다.

법가는 형刑을 올려서 대부까지도 형벌의 대상으로 삼습니다. 지자知者든 용자勇者든 예외를 두지 않습니다. 법가는 위에서 읽었듯이 법지상주의이면서 엄벌주의입니다. 엄벌의 논리적 근거가 없지 않습니다. '법으로써 도를 삼는 것法之爲道, 법지위도'는 처음에는 괴롭지만 길게 본다면 이롭다는 것입니다. 인으로서 하는 정치는 처음에는 즐겁지만, 나중에는 궁하게 된다는 것입니다. 법가의 엄벌주의는 형벌로써 형벌을 없애는 논리입니다. 형벌로써 형벌이 없는 무형無刑사회를 만드는 것입니다. 이러한 국가 경영은 중앙집권적 직접적 통치와 관료제로 나타납니다. 군주가 관료를 통제하는 것이 정치의 굉장한 부분입니다. 지금도 마찬가지입니다. 복지부동하기도 하고 부정부패, 관피아 등 그 폐단이 끊임없이 노정되고 있습니다. …

지금도 옥중에서 『한비자』 읽으며 감회에 젖던 때를 회상합니다. 10만 자의 방대한 저술이지만 조금도 지루하지 않을 정도로 통찰이 뛰어납니다.”

신영복은 『한비자』의 내용을 자세히 소개하면서 한비자의 망국론을 언급합니다.

"한비자가 밝힌 나라의 쇠망을 알려주는 징표_{망징, 亡徵}가 있습니다. 대표적인 것 열 가지를 들면 다음과 같습니다. 첫째, 법을 소홀히 하고 음모와 계략에만 힘쓰며, 국내 정치는 어지럽게 두면서 나라 밖 외세만을 의지한다면 그 나라를 망할 것이다. (이하 생략)"

신영복은 "법을 소홀히 하고 음모와 계략에만 힘쓴 나라는 망한다."는 등 망국론에 나오는 나라 쇠망의 징표 10가지를 인용하며 "우리의 현실을 이야기하는 듯합니다."라고 했습니다. "대부 이상은 예로 처벌하고 서민들은 형으로 처벌하는 것이 우리의 사법 현실입니다."라고 비판했습니다.

신영복의 주장을 현실에 제대로 적용하려면 '법을 지키지 않는 법외자, 즉 특권층'에 엄격하게 법이 적용돼야 합니다. 과연 현실은 그럴까요? 정치권에는 범죄를 저지른 경력이 매우 많고, 파렴치한 범죄에도 얼굴빛 하나 바꾸지 않는 인물이 하나둘이 아닙니다.

신영복을 가장 존경한다는 문재인 전 대통령은 법조인 출신입니다. 그는 2025년 2월 한겨레신문과 인터뷰에서 "조국 전 법무장관은 가장 아픈 손가락으로 한없이 미안하다."라고 말했습니다. 조국은 자녀 입시 비리와 감찰 무마 혐의 등으로 징역 2년형을 선고받은 범죄자입니다. 그런데도 법조인 출신의 문재인 전 대통령은 범죄자 조국을 옹호했습니다. 특권층에게는 엄격한 법 적용이 이뤄져야 한다는 신영복의 주장과는 정반대의 언행을 보였습니다.

이재명 민주당 대표는 어떻습니까? 2025년 2월 기준으로 이재명은 공직선거법 혐의, 위증교사 혐의, 대장동·백현동 비리 연루, 경기도지사 방북 비용 대납 의혹, 법인카드 유용 혐의 등으로 재판을 받는 중입니다. 그는 특권층(야당 대표이자 국회의원)의 신분을 활용해 법 적용을 요리조리 빠져나가고 있습니다.

신영복이 오늘날 이들을 본다면 무슨 말을 할까요? 신영복을 존경한다는 많은 인사들은 신영복의 '법가를 존중하는 마음'만큼은 전혀 따르지 않는 것 같습니다. 내로남불의 대표주자들이 '말 따로, 행동 따로'를 실천하면서 자기 자녀들이나 미래 세대들의 반면교사가 되는 것 같습니다.

중앙일보 2024년 6월 13일 자에 실린 진중권 광운대 교수의 칼럼 〈대표 결사옹위 정신〉을 보겠습니다.

"이화영 전 경기도 평화부지사가 법정에서 9년 6개월의 형을 선고받았다. 그에게 중형을 선고하며 판사는 그를 이렇게 꾸짖었다. "수사기관에서 법정에 이르기까지 범행 일체를 부인하고 비합리적인 변명으로 일관해 엄한 처벌이 불가피하다. …'이화영이 유죄면 이재명도 유죄다.' 이는 이화영 변호인 측도 인정한다.

그런데 법원에서 이화영에게 중형을 선고했다. 이 대표 역시 법정에서 무죄를 받기 어려워졌다는 얘기. 그렇다면 남은 것은 재판을 법정

밖으로 가져 나가는 것뿐. 민주당에선 대표 한 사람에 맞추어 당권 대권 분리를 명시한 당헌 25조에 예외규정을 첨가했다. '중대한 사유가 있을 경우.' 뭐가 중대한 사유인지는 누가 규정하나? 당무회의에서 결정한다. 근데 그 당무회의의 장이 바로 이 대표다. '기소 시 직무정지' 내용을 담은 당헌 80조는 아예 삭제했다. …한때의 자유주의 정당이 이렇게 대표 일인의 정당이 되었다. 대표를 결사옹위하리라, 개딸 백만이 총폭탄 되리라, 이재명 대표 목숨으로 사수하리라. 특히 이화영 재판은 '자폭용사가 되자'는, 어느 전체주의 국가의 섬뜩한 구호를 연상시킨다.

문제는 이 불순한 움직임이 그 당만이 아니라 국가 시스템까지 망가뜨린다는 것이다. 기소검사 탄핵으로 수사를 방해하고, 그걸로도 모자랐던지 아예 '법왜곡죄'를 만든단다. 이 대표에게 유죄를 선고하면 판사까지 처벌하겠다는 겁박이다. …유권무죄 무권유죄有權無罪 無權有罪. 권력을 가진 자는 처벌받지 않는다. 처벌을 피하려면 수단과 방법을 가리지 않고 권력을 잡아야 한다. 한 개인의 인생철학이 벌써 이 사회의 시대정신이 되어 버린 느낌이다."

진중권 교수가 말한 '유권무죄 무권유죄'야말로 『한비자』가 참으로 미워했던 행태였습니다. 신영복이 생존해 있었더라면 이런 행태를 보고 뭐라고 했을지 궁금합니다.

'법은 도덕의 최소한'이라는 말이 있습니다. 도덕과 질서는 법보다 확대된 개념입니다. 법이 잘 지켜지지 않는데 도덕이 지켜질 리 없고,

정직과 공정이 제자리를 잡을 수 없습니다. 법과 도덕에서 가장 강조하는 정직은 도덕적 문제를 뛰어넘어 상당한 경제적 영향력을 지니고 있습니다. 정직이 경제의 강력한 인프라가 되는 것입니다. 사람들의 정직과 신뢰, 책임감과 협동심은 그들의 경제적 장래에도 영향을 미칩니다. 이병철 삼성 회장도 『호암자전』에서 "정신적 타락은 빈곤과 표리일체다. 빈곤의 친구다. 빈곤이 있는 한 사회의 부패를 막을 수 없고, 그런 사회는 부패하기 쉽고 부정의도 횡행한다."라고 지적했습니다.

정부와 사회가 정직을 만들어 낼 수는 없지만, 여러 가지 방식을 통해 정직한 행동을 기초로 하는 전통을 지지하거나 파괴할 수 있습니다. 학교에서 무엇을 가르치는가에 따라 또는 공무원의 모범적 행동 규범, 혹은 법에 의해 정직의 풍토를 만들 수 있습니다. 반면에 범법자를 두둔하게 되면, 법에 대한 국민의 존중은 사라지게 됩니다. 남미 콜롬비아에서는 1980년대에 마약왕인 에스코바르를 국회의원으로 선출하기도 했습니다. 범죄자를 국회로 보내는 모습이 오늘날 대한민국을 연상하게 합니다.

러시아의 한 주부가 이렇게 한탄했다고 합니다.

"우리 애들이 이제야 내게 자기들을 잘못 키웠다고 말한다. 정직과 공정함은 전혀 쓸모가 없다고 한다. 정직한 사람은 바보 취급을 당한다고 말한다."

선진 대한민국에서 정직과 공정이 사라지면 정말 곤란합니다. '천당과 지옥은 번지수가 없다'라는 말도 있습니다. 천당과 지옥은 하늘이나 땅속에 있는 게 아니고, 사람의 마음속에도 있고 사람이 만들어가는 세상에도 있다는 뜻입니다.

'법이 잘 지켜지는 나라, 정직과 공정이 넘쳐흐르는 세상'은 천국일 것입니다. 반면에 정직하면 살기 힘들고, 정직하면 손해를 보고, 정직하면 바보가 되는 세상이 바로 지옥이 아닐까 싶습니다.

16

교도소는 사회적 약자가 가는 곳?

신영복의 본질은 소리장도笑裏藏刀에 가까운 것 같습니다. 그의 글은 착하고 자상하고 때로는 아름다울 때가 많습니다. 감성에 호소하며 미사여구도 지나칠 정도로 많습니다. 이러한 기교가 대중들로부터 인기를 얻은 비결이었겠지만, 그의 가치관과 세계관은 낡아 있고 자유민주주의 시장경제와 맞지 않는 사고로 일관하고 있습니다.

신영복은 '세계 인식 혹은 인간 이해의 공부'를 말하면서도, 좌파 이념이나 사상을 포기하지 않았습니다. 특히 '감옥 예찬'을 일삼는데, 이는 신영복이 20년간 감옥에서 지내면서 대한민국 발전에 이바지한 공로가 없었던 자신의 일생을 합리화하려는 뜻으로 보입니다.

신영복은 '감옥은 사회적 약자가 가는 곳'이라고 주장하는데, 그렇다면 경찰서나 검찰청을 드나들지 않고 감옥의 근처에도 가지 않는 사람은 '사회적 강자'라는 말이 될까요? '교도소에 가지 않는 사람은 사회적 강자'라는 반어적 표현이 지나친 비약일 수 있습니다.

그렇지만 성실하게 살아가는 사회적 약자 대부분은 교도소에 가지 않는 게 현실입니다. 교도소에 간 사람이 사회적 약자라는 논리가 맞는다면, 대한민국은 법이 엉망으로 적용되는 나라라는 의미입니다. 대한민국에 법치주의가 올바로 자리 잡지 못했다면 대한민국은 무법

천지가 되었을 것이며 2025년 기준으로 3만 달러 시대를 맞이하지도 못했을 것입니다. 중미 국가인 엘살바도르의 교도소에 죄수들이 가득한 모습이 인터넷에 올라왔는데, 머리 빡빡 깎은 그 사람들도 사회적 약자인지 모르겠습니다. 신영복의 감옥 예찬은 자신은 죄가 없는데 '사회적 약자'이기 때문에 교도소에 있었다는 걸 간접적으로 항의하는 뜻으로 읽히기도 합니다.

신영복은 『담론』에서 다음처럼 말합니다.

"적어도 인간 이해에 있어서 감옥은 대학이었습니다. 20년 세월은 사회학 교실, 역사학 교실 그리고 최종적으로 '인간학'의 교실이었습니다. …인간적 신뢰나 인간관계를 만들어 나간다는 것이 쉬운 일이 아님은 물론입니다. 자본주의 사회에서는 고용 관계가 인간관계의 보편적 형식입니다. 고용관계란 금전적 보상 체계입니다. 그것이 만들어내는 인간관계에 신뢰나 애정이 담기기는 쉽지 않습니다. 더구나 교도소의 인간관계란 금전적 관계도 아니고 명령과 복종의 권력관계도 아닙니다. 그야말로 인간적 바탕 위에서 만들어내야 하는 일종의 예술입니다. 너무 잘나서도 안 되고, 그렇다고 못 나서도 안 됩니다. 그 사람의 인간성이 일상생활을 통해 검증되어야 합니다."

교도소에 가지 않고 하루하루 성실하게 살며, 현실 세계에서 아름다운 인간관계를 맺는 사람들도 참으로 많습니다. 신영복은 현실 세계에서 살아보지 않다 보니, 세상을 보는 관점 자체가 교도소라는 좁은 공간으로 한정되어 있습니다. 그러니 자기 세계에 갇혀 '감옥=인간학의 교실'이라고 단언하는 것 같습니다.

신영복은 감옥에서 석방 이후 월간지 〈말〉과의 인터뷰에서 이렇게 속마음을 털어놓았습니다.

"통혁당 가담은 양심의 명령 때문이었다. 난 사상을 바꾼다거나 동지를 배신하는 일은 하지 않았다."

사실상 전향 사실을 부인한 것입니다. 신영복의 진짜 민낯을 잘 모르는 분들이 꼭 알아두셔야 할 진실입니다. 그래서인지 신영복이 감옥에서 만난 사람 가운데 사례로 든 경우도 매우 이상합니다. 반미 빨치산이나 북한에 경도되는 사람을 예찬합니다. 묘합니다.

신영복의 『담론』에 나온 글을 다시 소개합니다.

"어느 교도소든 그 도시의 조직폭력배들이 교도소를 장악합니다. 출소 3년 전에 전주교도소로 이송되었습니다. 전주교도소 역시 전주 조폭들이 잡고 있었습니다. 그런데 놀랍게도 그 조폭들 속에 북에서 내려온 젊은 공작원 친구가 하나 끼어 있었습니다. 체구는 크지 않았지만 124군부대 같은 특수부대 출신이었습니다. 징역 초년에 전주 조폭들과 맞짱 뜬 이야기가 신화처럼 남아 있었습니다. 자기가 북한 출신 마이너리티minority, 소수라는 사실을 잘 알고 있었습니다. 두세 명을 상대로 맞짱 뜨면서도 그는 단 한 번도 공격하지 않았다고 합니다. 그

114

러면서도 단 한 대도 맞지 않았습니다. 전주 조폭들이 그 실력을 인정하지 않을 수 없었습니다. 그가 야밤에 임진강을 도강할 때 미군 경비정이 서치라이트를 비추며 수색했습니다. 과연 남조선이 미국의 식민지라는 사실을 확인했다고 했습니다. 지금은 출소해서 전주에서 살고 있습니다."

신영복은 이 글에서 굳이 '남조선이 미국의 식민지라는 사실을 확인했다'라고 표현합니다. 세상 물정을 잘 모르는 북한 공작원의 이야기를 진실인 양 포장하고 있습니다. 전주에서 살고 있다는 그 젊은이가 세상에 나와 살아가면서 아직도 '남조선은 미국 식민지'라고 생각하고 있을까요? 미국의 식민지에서 살기 싫다고 다시 북한으로 돌아가고 싶어 할까요?
신영복은 곧바로 다른 사례로 이야기합니다.

"지리산 이야기 하나만 소개합니다. 1960년경 아마 최후의 빨치산이었을 것입니다. 토벌에 쫓기다 캄캄한 야밤에 작은 동굴로 스며듭니다. 새벽에 날이 밝아오면서 옆에 죽은 시신이 있음을 발견합니다. 죽은 지 몇 년이나 되었던지 시신은 거의 뼈만 남아 있었습니다. 총상을 입고 동굴이랄 것도 없는 바위틈새로 숨어 들어와서 숨을 거둔 시체였습니다. 그런데 저만큼 벗어놓은 배낭이 있었습니다. 혹시 챙길 것이라도 없을까 하고 뒤졌습니다. 양말 쪽 하나 없는데 그 속에서 『공산주의 ABC』라는 조그마한 책자 하나가 나왔습니다. 아무도 없는 지리산에서 죽은 빨치산의 배낭에서 나온 『공산주의 ABC』. 감동이었습니다. 자기도 사실은 공산주의가 뭔지도 모르고 산에 들어와서 지금껏 쫓기고 있었습니다. 죽기 전에 이걸 읽어봐야겠다고 결심하고 그 책을 챙겼습니다.

『공산주의 ABC』는 니콜라이 부하린이 쓴 책입니다. 러시아의 최고 이론가였습니다. 레닌의 모든 저작에 부하린이 관여했다고 전합니다. 아마 스탈린에게 처형당했을 것입니다. 스탈린과는 경제정책을 놓고 대립한 것으로 유명합니다. 해방 직후에 서울에서 번역본이 출판되었습니다. 김삼룡 번역이었다고 합니다. 나는 물론 보지 못했습니다. 최후의 빨치산이 그 책을 읽기 시작했습니다. 죽더라도 왜 죽는지 알아야겠다고 끝까지 그 책을 가지고 다닙니다. 나중에 체포되면서 책이 사라집니다. 『공산주의 ABC』는 참으로 역사적인 책입니다. 그 책을 그가 대전교도소까지 가지고 왔더라면 내가 물려받을 수 있지 않았을까 하지요. 역사 현장에 있었던 사람의 이야기가 그처럼 생동적입니다. 역사책 속의 역사와는 사뭇 다릅니다. 화석화된 역사가 아니라 피가 돌고 숨결이 느껴지는 살아있는 역사가 됩니다."

신영복은 '『공산주의 ABC』는 감동이었고, 참으로 역사적인 책'이라고 표현합니다. 자신의 이념과 사상이 친공산주의임을 노골적으로 드러내는 부분입니다. 자유민주주의를 사랑하는 대한민국 국민이 반드시 알아둬야 할 신영복의 민낯입니다.

신영복의 글은 줄곧 '감옥 예찬'입니다.

"감옥은 최고의 변방입니다. 그리고 최고의 교실입니다. …교도소는 변방의 땅이며, 각성의 영토입니다. 수많은 비극의 주인공들이 있고, 성찰의 얼굴이 있고, 환상을 갖지 않은 냉정한 눈빛이 있습니다. 대학입니다. …'임꺽정'은 결코 강자가 아닙니다. 약자입니다. 기름진 벌판에서 살아갈 수 없는 약자입니다. 신동엽의 시 〈진달래 산천〉에 "기다림에 지친 사람들은 산으로 갔어요."라는 시구가 있습니다. 화전민과 산 사람을 비롯하여 천주학 하는 사람도 산으로 갔습니다. 동학군, 빨치산도 마찬가지입니다. 산은 약한 사람들이 쫓겨 들어가는 곳입니다. 그래서 나는 교도소를 산山이라고 정의합니다. 사회적 약자들이 쫓겨 들어온 산이 교도소입니다."

여기서 신영복의 주장을 일일이 따질 필요는 없습니다. 다만 임꺽정의 실체는 명확히 해둘 필요가 있습니다. 조선시대 『명종실록』에는 "도적이 성행하는 것은 수령의 가렴주구 탓이며…곤궁한 백성들은 하소연할 곳이 없으니, 도적이 되지 않으면 살아갈 길이 없는 형편이다."라고 적혀 있습니다. 정치가 올발랐다면 임꺽정의 난이 일어날 리 없다는 것입니다. 다만 역사 기록에 보면 임꺽정은 자신의 행적을 관에 알리는 자는 잡아서 배를 갈라 버리고 대낮에 민가 30여 곳을 불태우는 등 무고한 사람도 많이 해쳤습니다. 재물을 백성들에게 나누어주는 등 의적으로 활동했다는 기록은 찾아볼 수 없습니다.

임꺽정이 의적(?)으로 부활한 데는 대하소설 『임꺽정』을 쓴 홍명희의 공이 컸습니다. 홍명희는 광복 후 1948년 월북하여 북한에서 부수상이 되었습니다. 공산주의에 속은 많은 월북 문인들이 숙청당했는데도, 홍명희는 고위직에서 승승장구했습니다. 여기에는 북한 김일성이 김정일의 친모인 김정숙이 1949년 9월 죽자 1950년 1월 15일에 홍영숙과 재혼한 사실과 관계가 깊습니다. 홍영숙은 홍명희의 딸로 6·25 남침 당시 그는 김일성의 장인이었습니다. 신영복이 월북한 홍명희가 의적으로 창조해낸 임꺽정을 약자로 분류하며 언급한 사실이 묘한 느낌을 줍니다.

2025년 기준으로도 대한민국에서 신영복을 존경하거나 좋아한다는 사람들이 참 많습니다. 민주당과 조국혁신당 사람들에게 신영복은 절대적인 존경을 받는 것 같습니다. 2016년 신영복이 사망했을 때 당시 조문했던 사람들을 보면 박원순 서울시장, 안희정 충남지사, 조희연 서울시교육감, 이재정 경기도교육감, 노회찬 전 의원, 이인영 의원, 유시민 작가 등이 있습니다. 글이나 발언으로 그를 존경한다는 인물로는 고민정 민주당 의원과 문재인 전 대통령 등이 꼽힙니다. 문형배 헌법재판관도 포함될 것입니다.

그런데 흥미롭게도 신영복을 존경한다는 분들은 감옥 가기를 참 싫어하는 것 같습니다. 범죄 혐의로 조금이라도 구설에 오르면 온갖 변명과 거짓말을 늘어놓으며 감옥에 가지 않기 위해 적극 자기변호에 나섭니다.

신영복은 "인간 이해에 있어서 감옥은 대학이며 사회학 교실, 역사학 교실, 최종적으로 인간학 교실"이라고 했습니다. 범죄를 저지른 분들은 신영복의 조언에 따라 '사회학, 역사학, 인간학 교실'에서 새롭게 공부하고, 교도소에 있는 '사회적 약자들(?)'과 돈독한 인간관계를 맺는 기회를 얻게 된다면 어떨까 생각해봅니다.

17

경제발전을 바라보는 비뚤어진 시선!
마르크스의 계급주의적 역사관의 신봉자!!

정치적으로 좌파는 '급진적·혁명적 정파'를 뜻하고, 우파는 '점진적·보수적' 정파를 뜻합니다. 좌파는 세상을 급격하게 바꾸려 하고, 우파는 급격하게 바꾸는 건 어려우니 조금씩 바꿔 나가자고 합니다. 그렇다면 세상은 어떻게 변해가는 걸까요?

"로마는 하루아침에 이뤄지지 않았다."라는 말처럼 세상의 변화는 순식간에 이뤄지지 않습니다.

일본 작가 시오노 나나미의 책 『로마인 이야기』의 소제목이 '로마는 하루아침에 이뤄지지 않았다'입니다. 시오노 나나미는 "지성에서는 그리스인보다 못하고, 체력에서는 켈트족갈리아인이나 게르만족보다 못하고, 기술력에서는 에트루리아인보다 못하고, 경제력에서는 카르타고인보다 뒤떨어졌던 로마인이 이들 민족보다 뛰어난 점은 무엇보다도 그들이 가지고 있던 개방적인 성향이 아닐까. 로마인의 진정한 자기 정체성을 찾는다면, 그것이 바로 이 개방성이 아닐까."라고 설명했습니다.

서울대 공대의 교수 26분이 쓴 『축적의 시간』이란 책이 있습니다. 한국에 신산업이 부족한 이유는 아이디어의 부족이 아니라 이를 다듬고 확장하는 '스케일업scale-up'의 시간이 필요하다는 것입니다. 『축적의 시간』의 대표 저자인 이정동 서울대 공대 교수는 한 인터뷰에서 다음과 같이 말합니다.

"대한민국은 장단점이 분명합니다. 먼저 단점은, 한국은 기존에 없던 새로운 것을 만들어 혁신을 주도해본 적이 없습니다. 지난 70년 동안 해외에서 선보인 제품이나 이론을 적극적으로 수입하고 해석해서 기능을 극대화하는 방향으로 발전해왔습니다. 경로 밖의 것을 해본 경험이 거의 없기에 '독창성'의 사례를 찾기가 어렵죠. 반면 분명한 장점은, 이렇게 단기간 안에 폭발적인 성장에 성공한 국가는 한국뿐입니다. 1인당 국민소득이 100달러에서 반세기 만에 3만 달러를 달성했지요. 내로라하는 선진국도 400년가량 걸린 과업을 단숨에 해결한 겁니다. 오로지 우리나라의 노하우이자 비결이기에 외국에선 매우 흥미로워해요."

많은 좌파 인사들은 '한국의 경제성장 과정에 대한 자부심'을 인정하지 않습니다. 경제발전을 이뤄낸 핵심 주역들도 깎아내리기 바쁩니다. 경제발전은 순전히 노동자와 민중의 힘과 노력 덕분이었지, 기업인들은 정경유착을 통해 자기 배만 불렸다는 식으로 설명합니다. 사회주의공산주의적 사상이나 경향을 가진 인물이나 단체들은 '경제발전의 성과물'은 향유하면서도 '경제발전이 만든 모습'에 혐오감을 드러내기도 합니다.

신영복은 『담론』에서 반反경제발전, 반反시장경제, 반反자본주의 성향을 여실히 드러냅니다. '시안견유시 불안견유불豕眼見惟豕 佛眼見惟佛' 즉 '돼지 눈에는 돼지만 보이고, 부처 눈에는 부처가 보인다'라는 말을 생각나게 합니다. 다음은 『담론』의 글입니다.

"북악산으로 신년 산행을 한 적이 있습니다. 산 정상에서 신년 소회를 이야기하면서 산이 최고의 조망대라는 것을 실감합니다. 우선 발 아래로 경복궁, 창덕궁이 보입니다. 조선조 500년의 권부權府입니다. 그곳은 국문과 처형, 역모와 주살의 현장입니다. 멀리 빌딩으로 가득찬 서울 시가지가 보입니다. 서울 땅이 꺼지지 않을까 걱정될 만큼 건물들로 가득합니다. 국가정책까지도 기획하는 토목 건설 자본의 막강 권력입니다. 그리고 빌딩마다 있을 임자들이 보입니다. 부자 권력입니다. 그러나 절반은 은행 대출입니다. 금융자본의 권력입니다."

1960년대와 70년대에 잘살아 보겠다고 해외로 이민을 떠난 분들이 많습니다. 이분들이 20~30여 년 만에 한국으로 돌아오면 깜짝 놀랍니다. 최신식 첨단시설인 인천국제공항과 잘 닦인 고속도로, 그리고 수도 서울의 빌딩 숲을 보며 크게 감동합니다. 떠날 당시에는 지지리도 가난했던 고국이 잘 사는 선진국으로 변한 모습에 커다란 자부심을 느낍니다. 그런데 신영복은 이러한 발전상을 전혀 다르게 해석합니다. '서울 땅이 꺼지지 않을까'라는 표현에서 드러나듯이 신영복은 진짜 이해하기 힘든 시각, 세상을 바로 보지 않고 뒤틀어서 보는 시각을 지녔습니다. 이런 인사를 지식인으로 떠받드는 사람들은 무슨 생각을 하는 걸까요?

필자가 앞서 신영복을 '현대판 향원鄕原'이라고 했는데 여기서는 향원을 더 자세히 설명하고 구체적 사례를 소개할까 합니다.

공자는 『논어』에서 "향원은 도덕의 적이다鄕原德之賊也"라고 말하고, 맹자는 이를 좀 더 구체화했습니다. 향원이란 말은 사이비 유덕자, 즉 덕이 있는 사람과 겉으로는 비슷해 보이지만 실제로는 아닌 사람이란 뜻입니다. 전국시대에 향원이라는 말 자체의 뜻은 '무리의 으뜸'이라는 뜻으로 실제로 인문 지식도 많고 대중 인지도가 높으며 인기가 많은 사람을 향원이라 일컬었습니다. 인문지식, 대중 인지도와 인기 등에서 신영복의 이미지와 비슷합니다. 공자와 맹자는 당대 향원들이 겉으로는 고결한 척하고 뒤에서 더러운 짓을 한다고 공격했습니다.

공자가 노나라 정공 때 형법을 책임진 사구司寇가 돼 국정에 참여하게 되자 7일 만에 소정묘를 처형했습니다. 『순자』를 비롯한 여러 출전에 나오는 이야기인데, 제자들도 깜짝 놀라 공자에게 물었더니 다음처럼 대답합니다.

"내가 너희들에게 그 까닭을 말해주겠다. 사람에게 악한 것이 다섯 가지가 있는데 도둑질은 그중에 포함되지 않는다. 첫째는 마음이 두루 통달해 있으면서도 음험한 것, 둘째는 행실이 편벽되면서도 고집스러운 것, 셋째는 말에 거짓이 있으면서도 그럴싸하게 말을 잘하는 것, 넷째는 알고 있는 것이 추잡스러우면서도 박식한 것, 다섯째는 그 롯된 일을 일삼으면서도 겉으로는 그럴싸해 보이는 것이다. 무릇 어 떤 사람이 이 다섯 가지 중에 한 가지만 갖고 있어도 군자의 처형을 면할 수 없을 것인데 소정묘는 이 모든 것을 다 갖추고 있었다. 그래 서 그가 사는 곳에는 따르는 자들이 모여 무리를 이루었고 그의 말은 사악함을 꾸며 여러 사람의 눈을 속일 수 있으며 그의 실력은 올바른 사람을 반대하면서 홀로 설 수 있는 정도였다. 이런 자는 소인들의 걸 웅이라 할 수 있으니 처형하지 않으면 안 되는 것이었다."

신영복은 언어도 독자들이 잘 알아차리지 못하도록 매우 묘하게 비 틀어 씁니다. 앞서 북악산 조망대를 이야기하면서 다시 감옥을 예찬 하고, 여기에 미셸 푸코까지 끌어들입니다. 향원의 특징인 말의 유희 와 박식을 드러냅니다.

"감옥 역시 북악산과 마찬가지로 뛰어난 조망대입니다. 감옥은 형벌 의 현장이면서 사회의 축소모델입니다. 춘하추동이 함께 뒤섞여 있 습니다. 감옥은 물론 범법자들을 물리적으로 격리 구금하는 시설입 니다. 그러나 미셸 푸코는 감옥을 다르게 정의합니다. '감옥은 감옥 바깥에 있는 사람들로 하여금 자기들은 감옥에 갇혀 있지 않다는 착 각을 주기 위한 정치적 공간'입니다. 역설적 진리입니다."

신영복의 주장은 기묘한 비유와 미사여구로 포장돼 있으나, 왠지 잘 드러나지 않게 자기합리화를 하는 모습으로 여겨집니다.

신영복은 『담론』에서 줄곧 계층보다는 계급이란 말을 내세웁니다. 계급은 전근대 용어입니다. 법, 종교, 의례적 절차인도의 카스트 등에 의해 정해진 신분이 평생 거의 변하지 않습니다. 조선시대의 양반, 상민, 노비나 인도 카스트브라만, 크샤트리아, 바이샤, 수드라, 불가촉천민 등이 여기에 해당합니다. 고대 사회의 시민과 노예도 계급입니다. 이런 사회에서는 개인이 아무리 노력해도 신분 상승이나 신분 변화가 어렵습니다.

반면에 계층은 근대와 현대의 용어로 대체로 경제력의 차이에 의해 결정됩니다. 부유층, 중산층, 하류층빈곤층 등으로 부릅니다. 본인이 노력하면 하류층에서 부유층으로 언제든지 이동할 수 있고, 그런 사례도 많습니다. 대한민국도 불과 50년 전에는 국민 대다수가 빈곤층이었으나 지금은 대다수가 '중산층 혹은 부유층글로벌 기준'이 되었습니다. 동남아나 남아시아 근로자가 국내에서 몇 년 일하다가 돈을 모아서 고국으로 돌아가면 중산층 이상으로 신분이 올라갑니다. 그래서 그들은 '코리아 드림'을 꿈꾸며 한국으로 옵니다.

신영복은 이러한 사실을 애써 감추고 계급이라는 용어를 즐겨 씁니다. 그러면서 계급투쟁을 했던 사회주의자와 공산주의자를 높이 평가합니다. 은근히 사회주의자들의 '계급투쟁'을 부추깁니다. 그가 미국과 유럽 등 선진국의 정치인과 기업가를 존경한다는 말은 거의 하지 않는 것 같습니다.

다음은 『담론』의 글입니다.

"머리 좋은 것이 마음 좋은 것만 못하고, 마음 좋은 것이 손 좋은 것만 못하고, 손 좋은 것이 발 좋은 것만 못한 법입니다. 관찰보다는 애정이, 애정보다는 실천적 연대가, 실천적 연대보다는 입장의 동일함이 더욱 중요합니다. 입장의 동일함 그것은 관계의 최고 형태입니다. 이 글을 읽은 많은 독자들이 입장을 계급의 의미로 읽고 있다는 것을 알았습니다. 입장은 물론 중요합니다. 그래서 입장을 바꿔서 생각해 보라고 합니다. 그러나 내가 우려하는 것은 입장이 협소한 의미로 읽히지 않을까 하는 것입니다. 계급적 입장도 대단히 중요합니다. 그러나 거기서 그치면 안 된다는 얘기를 오늘 하려고 합니다. …내가 입장의 동일함을 계급의 의미로 좁게 읽지 않기를 바란다고 했습니다. 계급은 생산에서 차지하는 지위와 역할을 의미합니다. 자본주의 사회에서 자본과 노동의 관계는 결정적입니다. 경제적 계급은 그 위력이 경제적 범주에 국한되지 않고 문화와 인간을 규정할 정도로 위력적인 것이 사실입니다."

'입장'이란 '당면하고 있는 상황'이라는 뜻입니다. 입장 대신에 쓸 수 있는 단어는 상황에 따라 처지, 위치, 태도, 형편, 상황, 자리, 직책, 방침, 자세, 견해, 의견, 주장, 판단, 해명, 생각, 체면, 시각, 관점, 인식, 원칙, 뜻, 심정, 동향, 노선, 의지, 결심 등이 있다고 합니다. 신영복은 이러한 입장의 의미를 계급으로 바꿔 버립니다. 그는 "계급은 생산에서 차지하는 지위와 역할을 의미한다."라고 썼는데, 자본주의를 '자본가와 노동자의 대립'으로 파악하는 카를 마르크스의 시각이 드러납니다.

신영복은 계급이란 단어를 강조하며 계급적 입장을 뛰어넘는 위인으로 역시나 좌파 인사들을 등장시킵니다. 그는 『담론』에 다음처럼 적었습니다.

"프란츠 파농과 체 게바라는 계급적 입장을 뛰어넘은 사람들입니다. 역사에는 계급적 입장을 뛰어넘은 수많은 사람들이 있습니다. 학생은 자신이 소속한 사회적 계급이 없습니다. 아직 계급에 편입되지 않았습니다. 지식인도 마찬가지로 사회적 계급이 없습니다. 그러나 지식인은 계급을 스스로 선택하는 계급입니다. 그런 점에서 계급을 뛰어넘는 존재입니다. 대학 4년은 계급을 고민하는 시기입니다. 자기가 함께할 계급을 선택하기 위한 공부와 고민을 해야 하는 시기입니다. 졸업 후에는 대체로 아버지의 계급으로 편입되지만 그렇지 않은 경우도 얼마든지 있습니다.

중국 사람들이 가장 존경하는 저우언라이도 귀족 집안 출신입니다. 근공검학勤工儉學이기는 하지만 프랑스 유학생입니다. 은래恩來라는 이름은 조부가 황제로부터 승진의 은총을 받은 날에 태어난 것을 기념해서 지은 이름입니다. '은혜가 왔다'는 뜻입니다. 마우쩌둥과 체 게바라도 마찬가지입니다. 마오는 장사 사범대 출신입니다. 게바라도 의사입니다. 게바라는 1967년 볼리비아에서 처형당했습니다. 그 보도를 접한 친구들이 만들었던 명동 술자리가 기억납니다. 프란츠 파농도 정신과 의사였습니다. 의사로서의 사회적 기득권을 포기하고 알제리 민족해방전선에 투신합니다. 그 역시 1961년 우리들의 대학 시절에 병사였습니다."

신영복이 언급한 좌파 인사들은 대부분 1950년대 혹은 1960년대에 활약한 인물입니다. 당시에는 옛소련과 중국, 북베트남, 중남미와 아프리카 등에서 좌파 사회주의가 기세를 올리던 시절입니다. 신영복에게는 그 시절의 인사들만이 제대로 된 인물이라고 기억되는 거 같습니다. 과거의 틀과 정신세계에서 벗어나지 못한 한계를 극명하게 보여주고 있습니다. 특히 체 게바라에 대해서는 "20세기 가장 뜨거운 영혼의 소유자"라고 극찬했습니다.

과연 현실은 어떻습니까? 프란츠 파농, 체 게바라, 저우언라이 등이 만들어간 나라는 오랫동안 후진국 신세를 면치 못했습니다. 알제리와 쿠바는 여전히 후진성을 보이는 나라입니다. 좌파 사회주의에 물들다 보니 경제가 발전할 수 없었습니다. 중국도 마오쩌둥과 저우언라이가 죽은 이후 덩샤오핑이 등장해 개혁과 개방을 추진한 결과, 오랜 가난에서 벗어날 수 있었습니다. 흥미롭게도 신영복은 『담론』에서 마오쩌둥과 저우언라이를 찬양하면서 덩샤오핑은 전혀 언급하지 않습니다. 매우 자의적이고 이상한 취사선택입니다.

신영복은 계급을 강조하면서 자본가를 깎아내립니다. 그렇다면 노동자를 위한다는 사회주의 국가에서는 어떤 일이 벌어졌을까요?

아이러니하게도 노조가 지지하는 공산당이 정권을 잡은 나라에서 대체로 노조 역할이 크게 줄어들었습니다. 공산주의 국가에서 노조는 생산직 노동자들에게 당의 목표를 전달하는 역할을 했으므로 일반적으로 집권당의 또 다른 군대로 여겨졌습니다. 노동자들이 자신들의 이익을 솔직하게 대변하는 단체를 원해서 독립적인 노조를 결성하려고 했을 때 그들은 곧 공산당과 정치적 갈등을 빚었습니다. 1980년대에 공산 정권과 맞선 폴란드의 자유 노조가 대표적인 사례입니다. 부분적으로 자본주의 경제를 택하고 있지만 여전히 공산당 독재국가인 중국에서도 공식적인 노조는 노동자들의 이익을 대변하는 역할과 정부 및 공산당과 밀접한 관계를 유지하는 모순된 역할을 하지만, 독립 노조는 잘해야 활동이 허용되는 정도이고 잘못되면 억압을 받습니다. 결국 사회주의 국가의 진짜 노조는 사라졌습니다. 역사적 사실이 이러한데도 민주노총 같은 경우는 여전히 친親사회주의 성향을 보이고 있습니다. 뭔가 앞뒤가 맞지 않는 몰지각한 행보입니다.

계급을 강조하는 신영복의 민낯은 '마르크스의 계급주의적 역사관'에서 벗어나지 못한 얼굴입니다. 그런 신영복을 존경한다는 사람들은 자신도 모르게 '사회주의 이념, 계급주의적 사고'에 물들게 됩니다. 좌파 인사들의 '자본가냐, 노동자냐'라는 식의 이분법적 사고, 계급주의적 사고는 세상을 전혀 이해하지 못한 무지의 소산이고 나라와 사회의 화합과 통합에 커다란 장애물입니다.

18

이념과 사상의 노예는 사이비종교의 노예와 비슷!

이념이나 사상의 정신적 노예가 된 사람은 '사이비종교의 노예가 된 사람'과 비슷하다고 생각합니다. 사이비종교나 무속에 푹 빠진 사람들을 보면 겉으로는 멀쩡합니다. 오히려 사회생활을 모범적으로 하는 경우도 많습니다.

그렇지만 종교 이야기만 나오면 돌변합니다. 마음에는 '독선과 오만'이 가득합니다. 어떤 말로도 설득하기 어렵습니다. 아무리 진실과 사실을 들이대도 마지막에는 '네가 믿음이 부족한 탓이다'라고 반박하니, 결국 설득하려는 사람이 지쳐서 나가떨어집니다.

카를 마르크스가 "종교는 인민의 아편이다."라고 했는데, 그건 '종교의 노예가 된 사람'은 '공산주의의 노예가 될 수 없는 사람'이기에 한 말이 아닐까 생각해보기도 합니다. 공산당의 신봉자이면서 동시에 종교의 신봉자가 되기는 거의 불가능하니까요.

젊어서 사회주의 이념에 물든 사람도 비슷합니다. 이들은 늘 '아군 vs 적'의 이분법적인 사고를 합니다. 이들 가운데 우파로 전향한 사람들도 있는데, 그들은 생각의 방향을 바꿨을지 몰라도 생각 방식은 여전히 '아군 대 적'의 이분법적 방식을 취하고 있습니다. 이분법적 사고를 하는 사람들에게는 중도中道나 중용中庸이 들어갈 공간은 거의 없습니다.

"결코 전향한 적이 없다."라고 밝힌 신영복은 자신의 글 곳곳에서 '자본에 대한 적개심'을 보여줍니다. '자유민주주의 자유시장경제(신영복은 꼭 자본주의라고 부릅니다.)'에 대한 철저한 불신입니다. 그러면서도 '사람과 공감'을 강조하면서 자신의 좌파 이념이 일반인들에게 스며들게 하고 있습니다.

그의 글을 읽고 감명을 받았다는 사람들은 스스로 '반反자본주의자, 반反시장경제주의자, 반反민주주의자'로 변하고 있음을 느끼지 못할 수도 있습니다. 이거야말로 대한민국에는 정말 무서운 일이 아닐 수 없습니다. 우파 정치인과 지식인 가운데도 신영복의 민낯을 모르고 그를 좋게 말하는 분들이 있는데, 안타까운 현실입니다.

신영복이 썼다는 소주 '처음처럼' 글씨가 정말 마음에 들지 않습니다. 글씨를 보면 '하회탈처럼 온화한(?) 가면 뒤에 숨은 확신범의 민낯'이 생각나기 때문입니다. 글씨 부분은 신영복의 '글씨와 사람' 부분에서 다시 다루겠습니다.

신영복은 『담론』의 '비와 우산'이란 글에서 다음처럼 썼습니다.

"자본은 나누지 않습니다. 자본은 본질적으로 자기 증식하는 가치입니다. 자본 축적의 자본은 운동법칙입니다. 이것이 나의 답변이었을 것입니다. 그것이 자본인 한 기부나 나눔은 불가능합니다. 자본으로서의 성격이 제기된 이후의 부富라야 비로소 나누게 됩니다. 사심 없는 기부는 주로 김밥 할머니들이 합니다. 김밥 할머니들이 모은 돈은 자본이 아닙니다. 자본은 그것이 자본인 한 나눌 수 없는 속성을 가집니다. 이 나눔은 대단히 중요한 사회문제로 등장할 것입니다. 지난 시간에도 얘기했지만 기계화, 자동화, 인공지능화와 함께 상대적 과잉인구가 양산됩니다. 해고와 비정규직은 우리 현실입니다. 이런 상황에서 자본주의적 분배 방식만으로는 재생산 시스템이 작동될 수 없습니다. 생산에 참여하는 노동력의 요소 소득만으로는 유효 수요가 부족할 뿐 아니라 생산에 참여하지 못하는 사람들은 생활 자체가 불가능해집니다. 나눔의 문제는 인정이나 동정의 차원에서 접근할 것이 아니라 후기 근대사회의 구조적 문제로서 다루지 않으면 안 됩니다. 이것은 복지 문제가 아니라 자본주의 시스템의 문제이기 때문입니다."

신영복은 자본이 나눌 수 없는 속성을 지녔다고 합니다. 그렇다면 현대 시장경제의 총아인 기업의 주주 즉 자본가는 어떤 존재일까요? 신영복의 사고 구도는 대립과 갈등입니다. 그의 머릿속에는 부자 대 빈자, 자본가 대 노동자, 갑과 을, 지배자와 피지배자, 생산자와 소비자 등으로 분리돼있습니다. 그렇지만 세상을 살아가는 사람들의 위치는 그리 간단하지 않습니다.
예컨대 서울에서 32평형 아파트를 가진 과장급 회사원 김철수가명를 상정해보면 그가 얼마나 복합적인 존재인지 알 수 있습니다. 그는 서울에서 중산층 혹은 빈곤층강남 부자와 비교할 때이라고 생각할 수 있으나 시골 사람과 비교하면 상대적으로 부자입니다. 그는 회사에서는 노동자이나 투자를 통해 주식을 가지고 있다면 주주자본가입니다. 윗사람에는 을의 위치지만 대리나 사원에게는 갑의 위치입니다. 회사에서 물건을 생산한다면 생산자이겠지만, 퇴근해서 슈퍼마켓에 들르면 소비자입니다. 밖에서는 사회인이지만, 집으로 돌아오면 다정한 아빠가 됩니다. 그는 부자이며 빈자이고, 주주이며 노동자이고, 갑이면서 을이고, 생산자이면서 소비자이고, 무엇보다도 사회인이면서 가정인家庭人입니다.

신영복은 이처럼 사람이란 '복잡한 다층적 존재'임을 인정하지 않고 있습니다. 사심 없는 기부는 김밥 할머니들이 한다고 했는데, 그분들이 돈을 모을 수 있었던 것은 그나마 대한민국 경제가 발전하고 소득이 매우 높아졌기 때문입니다. 인도나 아프리카 빈국의 길거리 노점상은 기부할 돈을 벌 환경이 안 됩니다. 신영복의 머리에는 경제발전이 김밥 할머니를 먹여 살린 긍정적 효과가 그려지지 않았다고 할 수 있습니다.

신영복처럼 좌파 인사들은 강한 반미 성향을 지니고 있으며, 신영복은 『담론』에서 미국을 긍정적으로 묘사하지 않습니다. 우리가 알아야 할 진실은 시장경제와 자본주의에 가장 충실한 미국, 영국, 캐나다, 호주, 뉴질랜 등 영미 문화권 국가들이 기부 순위에서도 세계에서 가장 높은 순위라는 사실입니다. 미국의 경우 대학, 병원, 도서관, 미술관 등 수많은 공공시설이 기업인의 기부로 만들어졌습니다. 기부한 기업인 즉 자본가의 명단에는 20세기 초 존 록펠러, 앤드루 카네기, 헨리 포드 등이 등장하고 현대에 와서는 빌 게이츠, 워런 버핏 등이 보입니다. 한국에서도 기업인의 기부로 많은 대학의 건물들이 지어지고, 미술관과 음악당 등이 만들어지고 있습니다. 이들의 기부는 신영복의 표현처럼 사심에 가득 차서, 즉 남에게 보여주기 위한 과시의 행동이었을까요?

신영복이 감옥에서 20년간 지낸 사이에 대한민국은 크게 발전했습니다. 선배 세대들이 가발을 만들고, 봉제공장에서 일하고, 독일에 광부와 간호사로 나가고, 중동 건설 현장에 가서 외화를 벌었습니다. 또 외국에서 차관을 들여와서 자본을 만들었습니다. 그 자본으로 공장을 짓고 도로와 항만을 건설했습니다. 그 덕분에 대한민국의 오늘이 있습니다. 입으로만 떠들며 살아가는 좌파 지식인들은 이러한 '경제 발전의 진실'을 인정하면 자신이 설 자리가 없어진다고 느끼는가 봅니다.

사람의 생각은 책도 보고, 사람도 만나고, 일도 하고, 돈벌이도 해보는 과정에서 커집니다. 그게 올바로 커지고 성장하는 과정입니다. 신영복의 삶에는 일반인들이라면 겪었을 그런 '일상의 경험, 일상의 기쁨과 슬픔'이 없습니다. 20년이 넘는 세월 동안 정상인이 아니라 범죄자들과 어울려 경험한 삶입니다. 당연히 '정상적인 사고'가 자라나지 못하고, 외골수에 더욱 빠지게 됩니다. 『담론』에는 그런 외골수의 뒤틀린 사고를 지닌 사람의 '닫힌 이념과 편협한 사상'이 가득합니다.

19

'글씨=사람'이라면 이념에 오염된 신영복 글씨는 이완용 글씨처럼 취급받아야

신영복은 글씨를 잘 쓴다고 합니다. '매국노의 대명사' 이완용도 글씨를 잘 썼습니다. '중국으로부터의 독립'을 염원하며 세운 독립문의 글씨가 바로 이완용의 작품이라고 합니다. 독립이라는 글씨가 나라를 팔아먹은 매국노 이완용과는 전혀 어울리지 않습니다. 신영복도 대한민국 정체를 인정하지 않았고, 마음으로는 사상적으로 전향하지도 않았습니다. 대한민국을 인정하지 않은 신영복의 글씨도 당연히 자기 조국을 인정하지 않은 이완용 글씨처럼 취급되어야 할 것입니다. 신영복과 이완용의 글씨를 왜 동일선상에 놓고 봐야 하는지는 신영복이 스스로 밝힌 글씨의 함의를 통해서 알 수 있습니다.

신영복은 『담론』에서 이렇게 말합니다.

"서도書道의 관계론은 서도의 미학이 '관계'를 중시한다는 뜻입니다. 우선 서도는 서양에는 없는 장르입니다. 서양에는 캘리그래피, 펜맨십penmanship, 서체이란 개념이 있지만 그것을 서도와 비교하기는 어렵습니다. 글자의 조형미 이상이 못 됩니다. 서도의 미학이라는 것은 형식미에 국한된 것이 아님은 물론입니다. 훨씬 더 많은 것들을 담고 있습니다. 그것을 한마디로 표현하여 관계론이라고 하고 있습니다.

예를 들면 '우공이산愚公移山'을 쓴다고 합시다. 첫 획을 너무 위로 치켜 그었다고 해서 그것을 지우고 다시 쓸 수는 없습니다. 인생과 마찬가지입니다. 지우고 다시 쓰거나 개칠改漆하지 못하기 때문에 어쩔 수 없이 그다음 획으로 그 실수를 만회해야 합니다. 마찬가지로 한 자字가 잘못된 경우에는 그다음 자 또는 그 다음다음 자로 보완해야 합니다. 한 행行은 그다음 행으로 그리고 한 연聯은 그 옆 연으로 조정하고 조화시켜 가야 합니다. 그런 고민을 끊임없이 하면서 써야 합니다. 그것도 필맥과 전체 흐름을 끊지 않으면서 써야 합니다. 그러려면 굉장한 집중력이 요구됩니다."

신영복의 글씨에 대한 설명에 대해 서예의 문외한으로서 왈가왈부하기는 어렵다고 생각합니다. 사람들이 훌륭한 글씨라고 말하면 그저 고개를 끄떡이는 수준이니까요. 다만 신영복이 '글씨=사람'이라고 하는 부분에 관해서는 강력한 거부감을 느낍니다.
신영복은 다음처럼 설명합니다.

"청나라 때의 유희재는 『서개書槪』에서 '서여야書如也, 여기학如其學, 여기재如其才, 여기지如其志, 총지왈總之曰, 여기인이이如其人而已'라고 합니다. 서여야書如也, 서書는 여如, 같은 것이란 뜻입니다. 무엇과 같다는 뜻인가요? 우선 글자와 그 글자가 지시하는 대상이 같습니다. 한글은 기호이기 때문에 여가 아니지만, 상형문자인 한자는 글자와 대상이 같습니다. 많은 글자를 소개하고 싶지만, 시간이 없어서 하나만 소개합니다.

전서篆書 뫼 산山 자입니다. 글자와 그 글자가 지시하는 대상이 같습니다. 산자가 산과 같은 모양을 하고 있습니다. 그리고 같다는 것은 여기에 그치는 것이 아닙니다. 유희재가 『서개』에서 이야기하고 있듯이 서書는 그 사람의 학學과 같습니다. '서권기書卷氣 문자향文字香'이라고 합니다. 그 사람의 학식이 글에 담긴다고 합니다. 그리고 그 사람의 재才, 그 사람의 지志, 사상과 뜻이 글에 담깁니다. 총지왈 최종적으로 그 '사람과 같다' 즉 글씨와 사람이 같다고 하는 것입니다.

서도의 관계론은 구도에 있어서의 조화에 그치지 않고 이처럼 서와 사람의 관계까지 포괄하고 있습니다. 뿐만 아니라 글과 그 시대의 과제가 함께 담겨 있어야 합니다. 예를 들면 독립이란 글을 안중근 의사가 쓰고 단지장락斷指掌落을 해야지 맞습니다. 그 사람과 글씨 그리고 그 시대와 글이 조화되는 것이지요. 이완용이 독립이라고 쓰면 글과 그 사람이 같을 수 없습니다."

신영복은 "글씨와 사람이 같다."라고 했습니다. "이완용이 독립이라고 쓰면 글과 그 사람이 같을 수 없다."라고 강조했습니다. 절대적으로 동감합니다.

중국 송나라의 소식蘇軾은 중국을 대표하는 탁월한 문장가이면서도 송나라 시대를 대표하는 서예가이기도 합니다. 송나라 제일가는 서예가라는 평을 받는데, 금나라 서예가 조병문은 "소식의 글씨는 안진경과 같아 생동감이 있으면서 운치가 뛰어나고, 법도에서 새로운 뜻이

나와 호방함 밖에서 묘한 이치가 깃들어 있으니 가히 서선書仙이라 할 수 있다."라고 평가했습니다. 소식은 글씨에는 신神·정신, 기氣·기상, 골骨·골격, 육肉·근육, 혈血·혈색의 다섯 가지가 반드시 있어야 한다고 했는데 그 중 제일 먼저 언급한 게 정신입니다.

소식이 가장 중시한 정신이 이완용의 글씨에는 없습니다. 독립문의 글씨가 이완용이 쓴 거라면, 독립의 가치가 떨어질 수밖에 없습니다. 문제는 이완용의 독립문 글씨와 같은 비슷한 일이 21세기 대한민국에서 벌어졌다는 사실입니다. 신영복은 『담론』에서 이렇게 말합니다.

"서울 정도定都 600년을 기념하여 예술의전당에서 100인 초대전을 개최했습니다. …문득 아이디어가 떠올랐습니다. 아예 '서울'을 쓰자. '서'자는 북악산, '울'자는 한강으로 쓰자. 그래서 이렇게 산을 그려서 '서'자를 만들고 '울'자를 강물처럼 썼습니다. …작품 〈서울〉은 현재 서울시장실에 걸려 있습니다. 초대 민선 시장인 조순 시장 때 시청에 기증했습니다. 그 이후로 많은 시장을 보내면서 지금까지 시청에 걸려 있습니다. 지난번 『변방을 찾아서』의 기행 때 시장실을 방문하여 박원순 시장에게 이야기했습니다. 청와대는 '북악'을 하고, 서울시청은 '한수'로 하는 것이 좋겠다고 했습니다. 청와대는 권력 쟁취에 여념이 없더라도 서울시청은 민초들의 애환을 안고 700리 유정有情하게 흘러가라는 뜻이었습니다. 박원순 시장은 100% 공감을 보였습니다. 자기도 시민운동을 한 변방 출신이라고 했습니다." (겉과 속이 전혀 달랐던 박원순 시장의 비참한 말로는 우리 국민이 아는 그대로입니다.)

신영복은 북한이 매우 애지중지한 인물이었습니다. 1975년 한국 정부는 베트남 패망 직전 억류된 한국 외교관 3명과 국내에 수감된 간첩 21명을 교환하기 위한 교섭을 벌였습니다. 당시 북한이 요청한 교환 대상자에 신영복도 포함되어 있었습니다. 신영복은 김일성 노선을 충실히 추종한 공산주의자였기 때문이었습니다.

앞서도 소개했듯이 신영복은 "사상을 바꾼다거나 동지를 배신하는 일은 하지 않았다."라고 강변했습니다. 그런데도 운동권과 좌파 인사들은 신영복을 '시대의 양심수'로 포장했습니다. 중앙일보는 신영복의 글을 장기 연재했고, 조선일보까지 2015년 신영복에게 만해문예대상을 수여했습니다. 신영복의 실체에 대한 깊은 고민과 좌파 이념에 대한 경계심이 약했기 때문에 나타난 결과로 보입니다.

신영복은 "글씨는 그 사람과 같다."라고 주장했는데, 그의 붓글씨는 문재인 정부 시절 대한민국의 방방곡곡에 걸렸습니다. 청와대 곳곳에 춘풍추상春風秋霜, 남에겐 춘풍처럼 관대하고 자기에겐 추상같이 엄격해야 한다이라는 신영복체 액자를 돌렸는데, 문재인 정부의 특징은 이와 정반대인 '내로남불'이었습니다. 공산주의자들의 '양두구육羊頭狗肉' 같은 모습이었습니다.

신영복체의 글씨는 급기야 국정원의 '국가와 국민을 위한 한없는 충성과 헌신'이라는 원훈석에 쓰였습니다. '글씨는 그 사람과 같다'라는 시각에서 보면, 골수 사회주의자공산주의자가 국정원에 떡 들어가 있는 셈입니다. 위에서 얘기했듯이 서울시장실에도 신영복의 글씨가 들어갔습니다. 만약 이완용의 '독립'이라는 글씨가 전국 방방곡곡에 걸린다면, 대한민국 국민은 절대 그 꼴을 참지 않을 겁니다.

신영복은 죽을 때까지 사회주의자의 성정을 버리지 않았습니다. 자유민주주의와 시장경제를 부정적으로 보고, 친중국과 친북한 성향을 보였습니다. 그런데도 그의 글씨가 우리나라의 핵심 권부에 여기저기 내걸렸습니다. '글씨=사람'이라는 시각에서 보면, 좌파 이념을 신봉하는 사람들이 대한민국을 스멀스멀 뒤덮는 꼴이었습니다. 이제는 반反자유민주주의 이념에 오염된 신영복의 글씨도 이완용의 글씨처럼, 자유민주주의 대한민국의 땅에 발을 붙이지 못하도록 노력해야 하겠습니다.

20

책상머리 지식인의 세계관

'철학은 국가의 기초'라는 말이 참 좋습니다. 특정 국가가 어떤 철학, 어떤 비전을 갖느냐에 따라 나라 운명이 바뀌기 때문입니다.

네덜란드 사회학자이며 미래학자인 프레드 폴락은 국민이 갖는 비전의 합이 국가의 장래에 어떤 의미가 있는지를 연구하며 일생을 보냈습니다. 그는 "문명을 성공시키는 일차적 요인은 사람들이 미래에 대해 가지고 있는 '집단적 비전'이다."는 결론을 내렸습니다. 어떤 사회의 미래 이미지가 긍정적이면 그 사회는 번영하고, 미래의 이미지가 부정적이고 활력을 잃기 시작하면 그 사회는 쇠퇴한다는 것입니다. 여기서 미래의 이미지는 한 사회나 개인이 갖는 미래에 대한 희망, 기대, 두려움, 불안 등을 뜻합니다.

미래를 향한 올바르고 긍정적인 이념과 사상은 올바른 실천으로 이어지고 이게 국가와 사회의 번영을 좌우합니다. 1945년 광복 이후 남한자유민주의과 북한사회주의의 여정이 확실하게 보여줍니다. 남한은 세계적인 경제 대국이 되었고, 북한은 세계 최빈곤 국가로 전락해 '거대한 강제수용소이자 인간 생지옥'으로 변했습니다.

자유민주주의가 우수한 이유는 간단합니다. 자유와 정의, 공정한 평등 즉 공평公平, 개인 행복의 보장 등을 추구하는 철학이 자유민주주의에서만 꽃피울 수 있기 때문입니다. 개인의 주체성과 독립성을 인정하지 않는 북한 같은 나라에서 자유와 공정, 개인 행복이 설 자리는 거의 없습니다.

경제학의 아버지로 불리는 애덤 스미스는 『국부론』에서 "사람들은 모두 자신의 상황을 개선하기 위해 열심히 노력한다. 어떠한 지원이 없더라고 자유와 안전이 보장되면, 그 자체로 엄청난 힘을 발휘해 부유하고 번영하는 사회로 나아갈 수 있다"고 강조했습니다. 애덤 스미스의 『국부론』에서 '보이지 않는 손invisible hand'이 매우 유명하지만, 개인적으로는 이 구절이 더 중요하고 '국부론의 핵심'이라고 생각합니다.

애덤 스미스는 또한 『국부론』에서 "자기보다 지위가 높은 사람들의 폭력을 끊임없이 걱정해야 하는 불행한 나라에 사는 국민들은 자기가 지닌 부의 대부분을 파묻거나 숨기곤 한다. 이것은 터키와 인도뿐 아니라 아시아의 모든 나라에서 일반적인 관행인 것으로 생각된다."라고 지적했습니다. 폭력과 공포가 난무하는 사회, 즉 전제주의 국가 왕정과 독재국가에서 국민이 잘살고 행복하기가 어렵다고 보았습니다.

우리가 해외여행에 나서다 보면 '아는 만큼 보인다'라는 걸 실감합니다. 여행지의 기후, 문화, 역사 등을 잘 모르면 그저 지나가는 풍광 이외에 아무것도 보이지 않습니다.

여행지에 대한 무지가 더욱 우려스러운 것은 '비뚤어진 눈'으로 여행지를 볼 때입니다. 대체로 좌파 사고를 하는 사람들은 '가난하고 빈곤한 지역'을 그릴 때 '소박하고 정겹다'라는 표현을 씁니다. 정감 있는 언어로 현장의 비참한 현실을 감추는 겁니다. 그러면서 자본주의 세상의 풍요가 행복을 보장해주지 않는다는 식으로 묘사합니다.

좌파 사고를 하는 사람들은 그러면서도 '가난하고 빈곤한 지역'에 살려는 생각은 조금도 하지 않으며, 그렇게 욕을 해대는 자본주의 세상을 떠나려고 하지 않습니다. 대한민국의 경제발전을 그렇게 깎아내리며 친북 행동을 하는 사람들이 왜 (자신들이 그리 좋아하는) 북한에 가서 살려고 하지 않는지 정말 이해하기 어렵습니다.

신영복도 교언영색의 글로 자본주의 폄하에 여념이 없습니다. 다음은 『담론』에 나온 이야기입니다.

"여행은 '돌아오는 것'입니다. 떠나고 만나고 돌아오는 것입니다. 그 전 과정이 자기 변화로 이어지는 것이어야 합니다. 그렇지 않은 것은 아무리 멀리 이동하고 아무리 많은 것들을 만났더라도 진정한 여행은 아닙니다. 지금 함께 있는 이 글도 마찬가지입니다. 우리가 통과하고 있는 후기 근대사회의 생생한 얼굴을 대면하고, 그것을 뛰어넘는 비非근대의 조직과 탈脫근대의 모색이어야 합니다.

해외 계획의 첫 번째 방문지가 콜럼버스가 출발한 우엘바 항구입니다. …(콜럼버스가 탔던) 산타마리아호는 근대의 아이콘이 되어 있습니다. 물론 콜럼버스가 신대륙에 도착한 1492년을 근대의 시작이라고는 하지 않습니다. 그러나 신대륙의 발견은 자본주의의 원시축적이 시작된 시점이라고 할 수 있기 때문에 나는 근대의 시작이라고 보는 관점에 동의합니다. …신대륙의 금은金銀은 물론이고 막대한 인적 자원이 자본주의 성장의 물적 토대가 됩니다. 자본주의의 눈부신 성장 이면에서는 참혹한 희생이 있었습니다."

근대의 시작에 대해서는 여러 의견이 존재합니다. 근대와 현대를 구분하는 경우 대개 15~16세기에 시작하여 20세기 초중반에 끝나는 것으로 여깁니다. 근대와 현대를 아울러 지칭하는 모던modern이라는 용어는 1585년에 처음 등장했으며, '현재, 최근의 시대'를 뜻하는 라틴어 형용사 모도modo에서 기원했습니다. 반면에 진정한 의미의 근대는 산업혁명 이후인 18세기, 19세기부터라고 보는 경향이 강합니다. 근대사회는 개인의 존중, 정치적으로는 민주주의, 경제적으로는 자본주의의 모습을 지닙니다.

신영복이 언급한 것처럼 콜럼버스가 신륙에 도착한 1492년을 근대의 시작으로 볼 수도 있습니다. 다만 신대륙의 금과 은이 자본주의 성장의 물적 토대가 되었다는 것은 논란이 될 수 있습니다. 윌리엄 번스타인이 쓴 『부의 탄생』에 따르면 진정한 자본주의는 △자유의 근간이 되는 개인의 재산권 보장 △과학적 합리주의 △자본시장의 출현 △수송과 통신 수단의 발달 등 네 가지가 결합하여 탄생하고 발전할 수 있다고 합니다. 단순히 신대륙의 금은만으로 진정한 근대가 시작된 것은 아닙니다.

예컨대 영국사 연구자인 박지향 서울대 교수는 식민지가 서구의 경제성장에 크게 공헌했다는 통설을 반박합니다. 어떤 식민제국도 원자재와 식량의 5분의 1 이상을 식민지에서 공급받지 못했고, 산업화에 필요한 동력과 자원의 90퍼센트 이상을 선진국끼리의 무역에 의존했다고 설명합니다.

다양한 의견이 존재하는 세상에서 굳이 신영복의 주장을 반박할 필요는 없을 것 같습니다. 다만 흥미로운 사실은 그가 논거로 언급한 학자가 그 많은 석학 가운데 유별나게 중국 학자라는 사실입니다. 기묘한 중국 사랑이 아닐 수 없습니다.

신영복은 이렇게 적었습니다.

"원톄쥔溫鐵軍은 『백년의 급진百年激進』에서 자본주의는 유럽 국가들이 국내의 빈민층과 범죄인들을 식민지로 유출시킬 수 있었기 때문에 가능했다고 주장합니다. 금은의 유입과 노동력의 유출이 동시에 이루어집니다. 자본의 유입은 자본의 상대적 과잉이 되고 노동력의 유출은 노동력의 부족으로 이어져 자본과 노동의 계급 타협이 이루어졌다고 합니다. 그 계급 타협이 '민주주의'라는 이름으로 불리는 것이라 할 수 있습니다. 오늘날과 같은 중산층 중심 다이아몬드형 사회 구성이 가능한 것이 바로 콜럼버스에서 시작된 것이라고 할 수 있습니다. 우리나라를 비롯한 모든 후발 자본주의 국가들이 바로 이러한 근대의 발전 경로를 모델로 하고 있습니다. 이에 반하여 중국은 근대사회의 이러한 발전 경로를 모델path-dependency로 하지 않고 내발적內發的 경로를 만들어간다고 자부하고 있습니다. 유럽 근대화 모델은 실패할 수밖에 없다고 합니다. 인도, 아프리카, 동남아시아, 라틴아메리카에서는 인구의 50% 정도에 달하는 빈민층을 껴안고 가야 하는 것이 현실입니다. 저렴한 자본의 공급과 빈민층의 이출移出은 더 이상 기대할 수 없습니다. …중요한 것은 현대 미국을 미국의 역사와 함께 읽는 것입니다. 마찬가지로 현대 유럽을 아프리카, 라틴아메리카와 함께 읽는 일입니다. 대상을 올바르게 파악하기 위해서는 반드시 그 반대의 것과 대비해야 합니다. 문제는 당시의 식민주의적 세계 경영이 오늘날도 청산되지 않고 있다는 사실입니다."

신영복은 '신대륙의 발견은 자본주의의 원시축적이 시작된 시점'이라는 좌파 학자들의 규정을 충실히 따릅니다. 원테쥔을 인용해 "중국은 근대사회의 발전 경로를 모델로 하지 않고 내발적 경로를 만들어간다. 유럽 근대화 모델은 실패할 수밖에 없다고 합니다. …식민주의적 세계 경영은 오늘날도 청산되지 않고 있다."라고 주장합니다.
여기서 신영복의 격렬한 중국 예찬을 보고, 신영복이 노암 촘스키나 이매뉴얼 월러스틴 같은 좌파 학자들이 말하는 '식민주의적 세계 경영'이나 세계체제론이라는 개념을 아무런 비판 없이 무조건 수용하는 모습을 봅니다. 세계체제론이란 선진국과 후진국 사이에서 나타나는 경제적인 지배-예속 관계를 설명하는 방식으로, 월러스틴은 세계 체제를 '주변 국가'에서 '핵심 국가'로 잉여가치를 재분배하는 일련의 메커니즘으로 봅니다. 여기서 '핵심'은 세계의 선진국이자 산업화한 지역이고, '주변'은 '저개발' 혹은 원자재를 수출하는 가난한 지역입니다.

흥미로운 사실은 중국 학자 원테쥔에 대한 사랑이 친중국을 노골적으로 드러내는 백낙청 서울대 명예교수에게도 나타난다는 것입니다. 신영복 못지않은 중국 사랑입니다. 백낙청은 2024년 10월 16일 리영희가 지은 『전환시대의 논리』 발간 50주년 기념토론회에서 다음과 같이 얘기합니다.

"저는 개인적으로 문화대혁명에 대한 가장 과학적인 해석을 제시한 분은 중국 사람 중에 원테쥔이라고 있죠, 한국식 발음으로는 온철군溫鐵軍. 그분은 중국이 근대화하고 중국의 자본주의가, 자본주의라는 게 소위 본원 축적의 과정을 거쳐서 자본주의가 성립하는데 대개는 식민지를 수탈하거나 또는 다른 나라의 원조를 받거나 그래야 되는데, 중국은 그 길이 다 막혀 있었어요. 그런데도 워낙 인구도 많고 농민들의 노동력도 풍부하고 한 상태에서 그것을 동원하는 기제가 문화대혁명이었고 사회주의 이념이었다고 해석했어요. 저는 그것이 가장 방불^{비슷}하고 과학적인 해석이라는 생각이 들어요."

신영복이나 백낙청의 중국 사랑은 문재인 전 대통령과 민주당 인사들의 친중보다 더하면 더 했지, 덜 하지는 않은 것 같습니다. 특히 신영복의 머릿속에는 중국이 한사군 이래 2천 년 가까이 한반도를 괴롭혀서 참다못한 독립운동가들이 독립문을 건설한 사실, 그리고 한국전쟁 때 중국 인민군의 참전으로 통일의 기회가 날아갔다는 사실이 새겨지지 않았나 봅니다.

신영복은 그러면서도 인디언 학살 등 반미를 부추길 만한 얘기는 끊임없이 되풀이합니다. 미국이 북한의 한반도 적화통일을 막고, 한국에 막대한 원조를 제공했으며, 주한 미군과 한미동맹을 통해 대한민국의 안보에 지대한 역할을 하는 모습은 언급하지 않습니다.

이 대목에서 신영복과 백낙청이 인용한 원테쥔이 어떤 인물인지 알아볼 필요가 있습니다. 원테쥔은 '골수 공산주의자이자 중국 관변학자'입니다. 1951년 베이징 출생으로 중국인민대학 교수를 지냈으며 중앙군사위원회 총정치부 연구실, 국무원 농촌발전연구센터, 농업부 농촌경제연구센터, 중국경제체제개혁연구회 등에서 근무하는 등 중국 공산당의 충실한 일꾼이었습니다. 그는 '삼농=農. 농촌 농민 농업 문제'를 처음 제기하여 중국의 최우선 의제로 확립하게 했으며, 그 공로로 2003년 CCTV가 선정하는 경제 부문 올해의 인물이 되었습니다.

원테쥔은 그간 중국이 자본의 극단적인 결핍이 생겼을 때나 여러 경제 위기들이 생겼을 때, 농촌으로 인해 자본을 획득하고 위기들을 극복할 수 있었다고 주장합니다. 그런 만큼 농촌이 더 이상 희생되어 해체되게 두는 것은 장기적인 관점에도 바람직하지 않다고 주장합니다. 그는 자본 과잉 문제를 향촌 사회로 해결할 수 있다고 봅니다.

중국은 넓고 투자할 영역도 많으므로 서부대개발 정책을 통해, 아시아 내륙방향으로 경쟁을 지속한다면 계속 더 고속 성장을 할 수 있다는 겁니다. 특히 '서구 신자유주의의 논리'로 도시화를 시켜 농촌을 공동화하는 것을 피하고, '성진화城鎭化'를 통해 농촌 가운데 개발된 지역에 읍내를 건설해서 내수를 진작시켜야 한다고 주장합니다. 그렇게 해서 농민의 생활 여건을 향상하고, 농민이 소자산계급의 지위를 유지하여 향촌 사회를 유지하도록 하면서, 토지 사유화는 강경하게 반대하였습니다. 성진화란 정부가 인구밀도가 도시보다 더 작은 지역을 육성하는 방식으로 도시화와는 다른 중국 고유의 특징이라고 합니다. 하지만 2·3차 산업의 발전은 인구밀도가 높은 지역일수록 성공하기 쉬운 만큼 성진화는 경제법칙에 어긋나 실패할 가능성이 큽니다. 성진화는 오히려 중국 농민에게 실상을 감추는 '눈가리고 아옹한다'는 식의 일처리가 될 수 있습니다.

신영복은 자본주의의 가치를 폄하하고, 도시의 발전에 강력한 거부감을 내비칩니다. 평생 '전근대적 사고, 사회주의적 사고'에 꽁꽁 갇혀 있었습니다. 자신의 논거로 원테쥔의 책을 소개한 데서도 그의 '친중-반미적 시각'을 여실히 알아볼 수 있습니다. 자신의 책을 읽는 사람들을 은연중에 '좌파 이념'에 물들게 하려는 의도로 읽힙니다. 그런 신영복을 여전히 '온화한 인문학자' 정도로 보는 사람들이 우리 사회에 적지 않습니다.

21

신영복은 K팝과 K-컬쳐의 글로벌화를 예상했을까?

신영복은 철저하게 '마르크스의 계급역사관, 그리고 반미 자본주의' 시각에서 세계를 바라봅니다. 자유민주주의와 자유시장경제는 그의 머릿속에 '착취와 종속의 잘못된 체제'로써 자리 잡았던 것 같습니다. 평생 사회주의 세상을 꿈꾼 그에게 오늘날 대한민국의 모습은 '비정한 세상, 반反지성의 세상'이었습니다.

신영복은 『담론』에서 사회주의와 포퓰리즘에 물든 라틴아메리카中南米를 대한민국보다 더욱 높이 평가하고 있습니다. 독립전쟁과 역사 전쟁이라는 자부심을 갖고 있다는 것입니다.

그렇지만 현재 중남미는 대부분 사회주의와 포퓰리즘으로 정신이 병들면서 '빈부 격차가 심하고, 마약과 갱단이 판치는 이류국가, 삼류국가' 신세를 면치 못하고 있습니다. 신영복은 그런 나라가 대한민국보다 훨씬 좋은 나라이고, 우리가 본받을 나라라고 생각하는가 봅니다. 어이가 없습니다.

'현대판 국가 붕괴의 대명사'로 불리는 대표적인 나라가 베네수엘라입니다. 1998년 권력을 잡은 우고 차베스는 "가난을 끝장내는 유일한 방법은 빈민들에게 권력을 주는 것이다. 수많은 지식인들이 말해왔듯이, 우리는 자본주의를 넘어서야 한다. 자본주의 안에서 자본주의를 넘어설 수는 없다. 사회주의를 통해서만, 평등과 정의가 살아있는 진정한 사회주의를 통해서만이 자본주의를 넘어설 수 있다."라고 강조했습니다. 자신의 정책을 '21세기 사회주의'로 거창하게 명명한 차베스의 나쁜 유산, 그리고 그의 후계자인 니콜라스 마두로의 실정으로 베네수엘라는 파탄 국가가 되었습니다.

그런데도 신영복과 그를 따르는 국내 좌파 언론, 좌파 지식인들은 베네수엘라 찬양에 여념이 없었습니다. 노무현 재단 이사를 지내기도 한 정연주 전 KBS 사장은 재임 당시 KBS는 자원 부국 베네수엘라의 차베스 대통령을 신자유주의에 맞서는 영웅으로 묘사하기도 했습니다. 정연주는 자신의 두 아들을 미국 시민권자로 만들어 병역 면제를 시킨 인물입니다. 반미를 외치면서 자기 자식들은 미국 유학을 보내거나 검은 머리 외국인으로 만들어 군대를 합법적으로 면제받는 반미주의자들을 두고 '양키 고 홈 위드 미Yankee go home with me'라고 합니다. 아무튼 신영복은 『담론』에서 다음처럼 말합니다.

"콜럼버스 이후 지금까지의 세계질서는 본질에 있어서 조금도 변함이 없습니다. 유럽의 근대사는 한마디로 나의 존재가 타인의 존재보다 강한 것이어야 하는 강철의 논리로 일관된 역사였습니다. 이러한 논리를 모든 나라들이 그대로 받아들입니다. 조선을 흡수합병한 메이지明治 일본의 탈아론脫亞論도 그중 하나입니다. 뿐만 아니라 그러한 논리의 희생이 된 나라들마저도 그러한 논리를 모방하고 있습니다. 우리나라의 경우가 그렇습니다. 심지어는 그러한 논리와 싸워야 할 해방운동마저 그러한 패러다임에서 벗어나지 못하고 있습니다. 그것이 개인이든, 회사든, 국가든 언제나 나의 존재성을 앞세우고 다른 것들을 지배하고 흡수하려는 존재론의 논리에 한없이 충실합니다. 더러는 자신을 낮추거나 뒤에 세우는 경우가 있다 하더라도 그것은 철저하게 계산된 프로그램의 일환일 뿐입니다. '마키아벨리의 지성'에 지나지 않습니다. 단기적으로는 다소 손해를 감수하더라도 장기적인 이득을 염두에 둔 계산된 희생이 어쩌면 우리가 도달한 지성의 현 수준인지도 모릅니다. 진정한 의미의 연대와 공유는 찾아보기 어렵습니다."

신영복은 유럽의 근대사를 깎아내리면서 대한민국도 그들과 한통속으로 몰아붙입니다. 한마디로 현재 대한민국 체제가 마음에 들지 않는다는 논리입니다. 세계 최빈국에서 경제 대국으로 우뚝 선 역사를 왜 그리도 못마땅하게 보는지 의아할 뿐입니다. 자신이 대한민국 발전에 전혀 공헌한 게 없다는 자격지심의 발로는 아닌지 의심이 갈 뿐입니다.
신영복은 자신의 논리를 얘기하면서 이야기를 묘하게 비틉니다.

"세계화는 콜럼버스의 세계화입니다. …그는 근대화의 아이콘입니다. 콜럼버스는 지금도 살아 있습니다. 오늘날도 경쟁력을 강화하기 위해서는 발상의 전환이 필요하고 이 발상의 전환을 강조하는 예로서 반드시 콜럼버스가 등장합니다. 여러분도 잘 아는 계란 이야기입니다. 다른 사람들은 아무도 계란을 책상 위에 세우지 못하는데 콜럼버스만이 계란을 세웠습니다. 이것은 매우 중요한 의미를 가집니다. 단지 발상의 전환에 관한 일화가 아니기 때문입니다. 계란의 모양은 어미의 체온을 골고루 줄 수 있도록 만들어진 것입니다. 모든 알이 그렇습니다. 어미 품을 빠져나가 굴러가더라도 다시 돌아오게끔 만들어진 타원형의 구적球積입니다. 바로 생명의 모양입니다. 이것을 깨뜨려 세운다는 것은 발상의 전환이기에 앞서 생명에 대한 잔혹한 폭력입니다. 잔혹한 폭력을 발상의 전환이라고 예찬하는 우리의 무심함은 무심함이 아니라 비정함에 다름 아닙니다."

신영복은 콜럼버스의 달걀을 얘기하면서 난데없이 '생명에 대한 잔혹한 폭력'을 말합니다. 그렇다면 오늘날 닭고기를 먹고 달걀을 먹는 사람들은 모두 비정한 사람들이란 얘기입니까? '치킨공화국 대한민국'에서 도축되는 닭이 하루에만 120만 마리가 넘습니다. 대한민국 국민은 일주일에 1인당 평균 5개의 달걀을 먹습니다. 신영복의 기준에 의하면 '비정하고 폭력적인 대한민국 국민'이 됩니다. 그런데도 달걀을 깨뜨리는 게 생명에 대한 폭력이라고 주장하는 신영복의 세상이해가 참으로 놀라울 따름입니다.
신영복은 『담론』에서 대한민국을 노골적으로 비하합니다.

"미국 유학생들의 이야기입니다. 황인종이 백인 다음 서열쯤 되리라는 막연한 기대가 여지없이 무너지는 것이 미국 생활이라고 합니다.

흑인과 남미인들보다 더 아래 서열입니다. 인도인이나 이슬람계보다 아래 서열임은 물론입니다. 흑인은 대통령을 배출한 인종입니다. 미국에서 성공한 한국인 연예인을 찾다가 막상 안소니 퀸이 멕시코 출신이라는 사실 앞에 무너집니다. 우리 자신도 알지 못하는 우리들의 콤플렉스입니다. …라틴아메리카를 밑에 깔려고 하다가 앗 뜨거워라 놀랍니다. …라틴아메리카는 콤플렉스 투성이인 우리들의 의식으로서는 다가가기 어려운 거인입니다. 라틴아메리카의 정체성은 대학생들이 자부하고 있듯이 '독립'입니다. 우리에게는 '라틴'이라는 수식어부터 라틴유럽의 하위문화라는 느낌을 떨쳐버리기 어렵지만 그들에게는 독립전쟁, 혁명전쟁의 역사와 자부심이 바탕에 깔려 있습니다. 라틴아메리카의 독립은 아시아의 가열찬 해방 투쟁에 비길 수 없습니다. 그러나 독립 후 지금까지 그들이 견지하고 있는 독립 의지와 자부심이 이와 같은 문화적 성취로 빛나고 있는 것만은 부인하기 어렵습니다. 그리고 이러한 독립 의지와 자부심이 우리에게는 없다는 것도 또한 부인하기 어렵습니다."

신영복은 "(라틴아메리카와 같은) 독립 의지와 자부심이 우리에게는 없다."라고 말합니다. 대한민국은 신영복이 살아 있을 때 이미 세계적인 경제 강국이 되어 있었습니다. 세계 각국에 최고 수준의 반도체, 자동차, 선박을 파는 산업국가였습니다. 그의 생전에도 대한민국 문화도 점차 세계로 영토를 넓혀가고 있었습니다. 그런 면에서 신영복의 대한민국 비하 발언은 문화 강국으로 거듭나는 대한민국을 모독

하는 궤변 중의 궤변이 아닐 수 없습니다.

그가 2025년 현재 K팝, K-무비, K-푸드 등으로 대표되는 K-컬쳐한류가 글로벌 대세가 된 현상을 보면 뭐라고 말했을까요? 워낙 과거에 집착하고 케케묵은 사회주의에 경도된 인물인지라 K-컬쳐의 유행도 허상이라고 말했을 가능성이 큽니다. 대한민국을 사랑하는 국민이라면 신영복의 이러한 전근대적인 사고, 그리고 그의 사상을 존경한다며 한미FTA를 반대하던 좌파 인사들의 반反대한민국 민낯을 똑똑히 알아둘 필요가 있습니다.

신영복은 인도의 현장을 찾아가서도 자신의 반反자본주의 사고를 더욱 강화하는 계기로 삼았습니다. 그는 이렇게 썼습니다.

"인도의 시공간은 엄청난 상상력이 요구됩니다. 유한한 선분이 아니라 윤회입니다. 그러한 시공을 넘나드는 인도의 사유를 우리로서는 도저히 따라갈 수 없습니다. 그것이 이성을 포기하게 하는 정치적 이데올로기가 아닌가 하는 의문으로 우리들의 협소한 사유를 합리화합니다. 어쨌든 인도를 콜럼버스와 나란히 대비하면 서로가 서로를 잘 설명해 줍니다. 근대와 탈脫근대를 아울러 바라보게 합니다. …우엘사의 콜럼버스와 인도의 바라나시를 나란히 놓은 이유를 여러분이 고민하시기 바랍니다. 한쪽을 수탈해서 자기의 성취를 만들어내는 근대사회의 기본적인 구조를 직시하기 위해서는 양쪽을 아울러 바라보는 두 개의 시각이 필요합니다. 유럽과 라틴아메리카, 우엘바와 바라나시를 함께 바라보기를 권합니다. 유럽은 스페인으로 대체해도 됩니다. 콜럼버스가 스페인에 많이 남아 있기도 하고 스페인은 또 우리나라와 비슷한 현대사를 경과하고 있기 때문입니다. 장기 집권한 프랑코 군사 정부도 우리에게 익숙합니다. 프랑코는 인민 정부를 쿠데타로 전복시켰습니다. 스페인 귀족들의 위기를 프랑코가 구했습니다. 우리나라의 경우 4·19혁명으로 위기에 처한 보수 권력이 5·16 군사쿠데타에 의해서 구원받는 것과 닮았습니다. 물론 5·16 군사쿠데타가 미국의 동북아 전략의 일환이었다는 점에서는 차이가 없지 않다고 하지만, 1936년 스페인 내전 역시 내전이 아니라 2차 대전의 전초전이며 국제전입니다. 여러분은 인민 전선에 투신한 어니스트 헤밍웨이와 『누구를 위하여 좋은 울리나』에 대해서는 알고 있을 것입니다."

신영복은 "우리나라 보수 세력이 5·16 군사쿠데타에 의해 구원을 받았다."라고 썼습니다. 5·16으로 인해 박정희 정권이 들어섰고, 권위주의적이고 비민주적인 요소가 많았으나 어찌 됐든 대한민국의 경제 기적을 만들었습니다. 대한민국의 경제 기적을 말할 때 박정희 대통령과 이병철, 정주영, 박태준 등의 기업인을 빼놓으면 얘기가 안 됩니다. 신영복은 이러한 사람을 모두 보수 세력으로 규정합니다. 그렇다면 신영복의 주장은 그가 속한 '진보세력, 좌파 세력의 대한민국 경제에 대한 기여'는 전혀 없었다는 얘기가 됩니다.

정치학자 함재봉은 조선이 망해가던 구한말과 일제강점기를 거치는

조선시대 '조선인'이 점차 사라지고 새로운 한국인의 정체성이 형성
됐다고 주장합니다. 3·1운동 직후 1919년 9월 중국 상하이에서 출
범한 임시정부는 '조선 왕조의 복원'을 외친 게 아니라 '민주공화국
설립'을 목표로 했고 국호를 아예 대한민국으로 확정했습니다. 이승
만을 초대 대통령, 이동휘를 국무총리로 추대한 대한민국 임시정부
의 출범은 조선인이 사라지고 '새로운 한국인'이 탄생했음을 뜻한다
는 게 함재봉의 주장입니다. 대한민국 헌법 전문도 '우리 대한민국은
3·1운동으로 건립된 대한민국임시정부의 법통을 계승한다'라고 규정
했습니다

함재봉은 새로운 한국인의 정체성을 '성향과 추종하는 이념'에 따라
5가지로 나눕니다. 친일 개화파, 친미 기독교파, 친중 위정척사파, 친
소 공산주의파, 인종적 민족주의가 그것입니다.

친일 개화파는 일본을 모델로 삼아 발전을 이루자는 세력으로 김옥
균, 박영효 등이 대표적입니다. 친미 기독교파는 기독교를 받아들이
고 미국의 근대 교육과 의료시설 등에 감명받은 세력으로 이승만과
윤치호 등을 꼽을 수 있습니다. 함재봉은 친일 개화파와 친미 기독교
파, 개방된 사고를 지닌 민족주의 세력이 합쳐져 대한민국 우파 보수
가 되었다고 설명합니다. 여기서 친일과 친미는 일본과 미국을 이용
하자는 의미가 강하므로 용일用日, 용미用美로 이해하는 게 옳습니다.
이들은 정치와 경제 작동원리로 자유민주주의와 시장경제를 신봉했
습니다.

친중 위정척사파는 '서양은 도적이자 오랑캐'라는 사고를 지닌 유림

이 중심 세력으로 이항로와 최익현 등이 있습니다. 친소 공산주의파는 사회주의에 경도된 세력으로 박헌영, 김원봉 등이 있습니다. 민족주의 인물로는 신채호, 정인보 등을 꼽을 수 있습니다. 함재봉은 친중 위정척사파, 친소 공산주의파, 그리고 폐쇄된 사고의 인종 기반 민족주의 세력이 합쳐져 대한민국 좌파 진보로 이어졌다고 말합니다. 이들은 정치와 경제 작동원리로 중앙집중 사회주의와 계획경제를 선호했습니다.

함재봉의 주장은 많은 사람의 공감을 얻고 있습니다. 좌파 논리에 충실한 민주당과 운동권 세력이 왜 친중반미로 일관하면서 근거 없는 괴담에 기반한 광우병 사태를 일으키고, 왜 한미 FTA를 반대하고, 왜 사회주의자 김원봉을 존경하고, 왜 좌파 지식인이라는 신영복과 리영희를 사상의 은사로 떠받는지가 확실하게 이해되는 대목입니다.

대한민국 경제발전의 주역은 '자유민주주의와 시장경제'에 충실한 우파 보수세력이었습니다. 경제발전을 위해 역사의 아픔을 달래면서 일본의 자본과 기술을 도입했고, 미국을 주요 수출시장으로 삼았습니다.

반면에 대한민국 좌파 진보는 대체로 '반대를 위한 반대'의 논리에만 충실했습니다. 박정희 대통령이 경부고속도로를 만들 때 길에 드러누워서 반대했습니다. 일본에서 차관을 들여와 포항제철을 만들 때도 반대만 했습니다. 그래도 김대중 정부 시절까지 민주당 인사들에게는 대한민국 경제와 미래에 대한 걱정과 조금의 대안이라도 있었습니다. 김대중 전 대통령은 일본 대중문화의 개방에 나섰고, 여기에 맞서 경쟁력 확보를 위해 노력한 우리 문화인들이 급기야 극일克日에 성공하면서 한류 즉 K-컬쳐의 글로벌화에 성공했습니다.

그렇지만 노무현 정부 이후 문재인 정부까지 '운동권이 득세한 민주당'은 좌파 논리에 충실했습니다. 민주당이 이념과 구성원 모두 확실히 달라졌는데, 호남지역 사람들은 아직도 그걸 잘 모르는 것 같습니다. 좌파 정당으로 변질한 민주당은 광우병 사태, 한미 FTA반대, 그리고 소득주도성장과 탈원전 등 각종 사회주의 성격의 입법을 통해 대한민국 발전에 태클을 걸었습니다. 문재인 정부가 대실패를 겪고 난 이후 민주당은 '이재명을 아버지로 모시고, 이재명 일인 사당私黨'이 되었으며, 그들에게는 대한민국의 미래를 만드는 대안이나 정책이 거의 없습니다. 그들의 사고방식은 '편 가르기식 사회주의, 반反시장경제'에 머물러 있습니다. 옛날 사고방식에서 벗어나지 못해 '좌파 꼰대'라고 불리는 실정입니다.

2025년 초 박구용 민주당 교육연수원장전남대 철학과 교수은 2030 비하 발언으로 파문을 일으켰습니다. 2030세대의 보수화와 관련해 "그들을 우리 편으로 끌어올 것이 아니라 그들을 어떻게 하면 소수로 만들 것인가를 (연구)해야 한다."며 "지금은 그들 스스로 말라비틀어지게 만들고 고립시켜야 한다."고 주장했습니다. 그는 "(보수화된 2030세대는) 사유思惟는 없고 계산만 있다. 충돌하는 자아가 있어야 건강한 자아인데 이건 고쳐지지 않는다. 희망을 갖지 말라."고 강조했습니다. 박구용 원장은 이재명 민주당 대표가 직접 낙점한 인물이라고 합니다.

이재명 대표의 호위무사로 활동하는 유시민 전 의원은 2023년 유튜브에서 2030 남성의 대표 커뮤니티인 '에펨코리아'를 거론하며 "나는 '니들 쓰레기야'라고 말해주고 싶다."라고 극언을 퍼부었습니다. 유 전 의원이 2030 남성을 쓰레기로 치부한 건 지난 대선에서 2030 남성들이 이재명 후보보다 윤석열 후보를 더 지지했기 때문입니다. 사람들을 '적군과 아군'으로 구분하는 전형적인 좌파의 편 가르기 사고방식입니다.

이처럼 편협한 사람들이 이념적, 사상적 선생으로 모시는 사람이 바로 신영복과 리영희입니다. 두 사람은 고인이 되었으나, 사후에도 여전히 대한민국에 '어둡고 나쁜 기운'을 퍼뜨리고 있다고 하겠습니다. 카를 마르크스는 19세기인 1883년 사망했지만, 그의 잘못된 이념은 20세기 내내 전 지구에 걸쳐 인류사의 대*비극을 유발했고 21세기에 들어서도 여전히 악영향을 끼치고 있습니다. 엉터리 지식인의 폐해는 이렇게 시간과 공간의 측면에서 길고도 넓습니다. 과거의 인물이고 저세상 사람이라고 온건한 잣대를 들이댈 일이 아닙니다.

22

'상품과 자본'을 비난하면서 사회주의^{공산주의} 모순과
고통에는 침묵

신영복의 『담론』은 뒤로 갈수록 자유시장경제(좌파는 굳이 자본주의라고 부름)에 대한 적개심을 더욱 강력하게 드러냅니다. 자신이 마음의 양식으로 삼은 『자본론』의 시각으로 세상을 보는 데서 절대 벗어나지 않습니다. 마르크스가 쓴 『자본론』은 1867년에 나옵니다. 서구에서 산업혁명이 일어나고 경제가 한창 발전하던 시기였으며, 한국과 중국과 일본 등 아시아권은 산업혁명이나 진정한 자유시장경제가 무엇인지도 모를 때였습니다. 19세기에 책상에서 쓰인 『자본론』의 내용은 당시에도 현실성이나 설득력이 거의 없었고, 당연히 21세기 현대 세계를 설명할 수 없습니다.

신영복은 무려 150여 년 전의 19세기 낡아빠진 사회주의 이념으로 21세기 대한민국과 세계를 해석합니다. 고루하기 그지없는 사람을 '양심 있는 지식인'으로 존경한다는 사람들의 사고방식이 참으로 의심스럽습니다. 신영복을 존경한다는 사람들이 대한민국을 이끌고 나쁜 정책을 펼쳤으니 그 결과가 좋았을 리가 없습니다. '쓰레기가 들어가면 쓰레기가 나온다Garbage in, Garbage out'라는 표현을 다시 생각나게 합니다. 소득주도성장, 과도한 최저임금 인상, 탈脫원전, 주52시간제 등 반反기업 입법은 심각한 후폭풍을 유발했고, 지금 대한민국은 경기부진, 자영업자 몰락과 사회 분열 등 극심할 정도로 그 후유증에 시달리고 있습니다.

신영복의 『담론』 가운데 '상품과 자본'이라는 글이 있는데, 좌파 사회주의자인 신영복과 반反대한민국 신영복의 민낯을 확실하게 볼 수 있는 내용의 연속입니다.

"자본주의 사회를 상품과 자본이라는 두 개의 개념으로 설약說約하는 방식에 대해서도 이해하리라 믿습니다. 핵심을 요약할 수 있을 때 우리는 그것을 알았다고 할 수 있습니다. 모든 지식은 압골미壓骨美를 갖추고 있어야 합니다. 상품과 자본은 자본주의 사회의 설약이면서 압골입니다. …경제학에서 가치라고 하는 것은 교환가치입니다. 사용가치가 아닙니다. 상품이 출현하기 전에는 가치라는 개념이 없었습니다. 팔 수 없기 때문입니다."

신영복은 이렇게 말하며 상품은 교환을 위한 등가물等價物이 되고, 그속에 인간적 품성은 없다고 이야기합니다. 그의 글을 조금 더 살펴보겠습니다.

"상품사회에서는 인간의 정체성이 소멸됩니다. 등가물로서의 구두가나중에 일반적 등가물이 됩니다. 조개 껍질, 면포, 금, 은이 그 지위를이어받습니다. '제너럴 이퀴벌런츠general equivalents'입니다. 일반적인 등가물이 곧 화폐입니다. 상품의 가치 표현 형태는 등가물 → 일반 등가물 → 화폐라는 과정을 거쳐 왔습니다. 구두가 화폐의 지위에 오르면 상황은 달라집니다. 좌우항의 권력이 역전됩니다. 제너럴general이란 장군將軍이라는 뜻도 있습니다. 권력이 됩니다. 화폐가 출현하면 상품구조로부터 화폐 구조로 전환됩니다. 화폐는 상품의 아들이었지만 이제는 상품으로부터 독립하여 그것을 지배하는 상품의 주인으로 군림합니다. 자본주의 사회에서 물건은 상품이 지배하고, 상품은 화폐가 지배합니다.

자본주의 사회는 상품사회이고 상품의 최고 형태가 화폐입니다. 화폐가 최고의 상품입니다. 모든 상품은 화폐로 교환되기를 원합니다. 화폐로 교환되지 못하는 상품은 가치가 없습니다. 화폐로 교환되지 못한다는 것은 팔리지 않는다는 뜻입니다. 팔리지 않는 물건은 가치가 없습니다. 그 물건을 생산하는 노동도 가치가 없습니다. 그것의 생산과 관련된 기술이나 학문도 가치가 없습니다. 한마디로 '화폐 권력'입니다. 우리가 일상적으로 만나는 일입니다. 공장이 도산하는 것은 물론이고 학과가 폐지되고 교수가 해직됩니다. 모든 것은 화폐 가치로 일원화됩니다."

신영복은 '팔리지 않는 물건은 가치가 없다'라며 '상품 사회자본주의 사회'를 깎아내립니다. 상품사회가 비정하다는 겁니다. 과연 그럴까요?
생산을 통해 만들어진 물건은 시장에서 거래되느냐의 여부에 따라 제품과 상품으로 구분됩니다. 사회주의 계획경제든 민주주의 시장경제든 물건을 만듭니다. 다만 사회주의는 제품을 만들고, 민주주의는 상품을 만듭니다. 제품은 소비자의 욕구와 관계없이 만들어지고, 상품은 소비자의 욕구를 만족시키기 위해 만들어집니다. 그러다 보니 사회주의 계획경제는 쓸모없는 제품을 마구 만듭니다. 사용 가치가 없는 물건은 아무도 찾지 않으므로 재고로 남게 되고 자연스럽게 자원의 낭비가 극심합니다. 민주주의 시장경제는 쓸모있는 제품을 만드니, 시장에서 팔리게 됩니다. 자원의 낭비가 적으므로 효율성이 높아집니다.

신영복의 잘못된 생각을 알려면 비용 개념을 알아야 합니다. 세상의 진실로 '정비공'이란 우스개가 있습니다. 세상에는 '정답이 없고, 비밀이 없고, 공짜가 없다'라면서 그 앞 글자를 따서 만든 단어가 바로 '정·비·공'입니다. 공짜가 없다는 것은 모든 물건과 서비스에는 비용이 들어간다는 얘기입니다. 중국집에서 "군만두는 서비스!"라고 외치면 그걸 공짜로 알아듣는 사람도 있지만, 중국집 주인은 군만두를 절대 공짜로 주지 않습니다. 다른 음식을 많이 먹어서 충분히 남는 장사를 하게 될 때 군만두는 주는 겁니다.

비용은 민주주의든 사회주의든, 선진국 경제든 후진국 경제든 어디서나 발생합니다. 이러한 비용은 가격이 아닙니다. 시장에서 정해지는 가격은 해당 물건과 서비스에 대한 소비자의 평가인데, 가격이 비용보다 높으면 공급자는 이윤을 얻게 되고 가격이 비용보다 낮으면 공급자는 손실을 보게 됩니다. 이윤은 효율적이라는 뜻이고, 손실은 비효율적이라는 뜻입니다. 자유민주주의 시장경제나 사회주의 계획경제나 모두 '효율성과 비효율성의 싸움'이었습니다.

민주주의 시장경제가 사회주의 계획경제에 승리한 것은 결국 효율적이었기 때문입니다. 비용 이상의 물건을 생산하도록 만든 시스템이었기 때문입니다. 자본주의 상품사회에서는 쓸모 있는 물건상품을 만드니 시장에서 제값을 받을 수 있었고, 사회주의 제품사회에는 쓸모 없는 물건제품을 만드니 공급자는 제값을 받지 못했습니다. 사회주의 국가의 소비자는 마음에 드는 물건을 얻을 수 없었고, 사회주의 국가의 공급자들은 헛수고하는 셈입니다. 그렇다면 좋은 물건이 많아지고 제값 받는 자본주의가 인간 존중일까요, 아니면 나쁜 물건만 잔뜩 재고로 쌓이고 제값도 못 받는 사회주의가 인간 존중일까요?

신영복의 『자본론』에 기초한 뒤틀린 생각은 이상한 결론으로 이어집니다.

"이러한 화폐 구조에서 일반적 등가물을 생산하는 사람이 있다면 아무 걱정이 없습니다. 자기 생산물을 화폐와 바꿀 필요가 없습니다. 이처럼 자기 생산물이 일반적인 등가물인 경우에 행사하는 권력을 세뇨리지seigniorage라고 합니다. 자세한 설명을 드리지 못합니다만 실제로 세뇨리지 권력을 행사하는 나라가 있습니다. 미국입니다. 미국은 달러를 찍어내면 됩니다. 금융위기 이후 계속 찍어내고 있습니다. 양적완화이라는 표현 자체가 대단히 기만적입니다. 부도난 카지노를 폐쇄하는 대신 계속해서 칩을 공급하고 있는 것과 다르지 않습니다. 오바마의 선거 구호가 'we can make change우리는 변화를 만들 수 있다'였습니다. 그러나 가장 중요한 이러한 구조는 변화시키지 못했습니다. 미국은 UN의 반대에도 불구하고 이라크를 침공했습니다. 이라크 침공의 납득할 만한 이유와 명분은 없습니다. 알카에다의 배후도 아니고 대량 살상무기가 없다는 것도 알고 있었습니다. 미국의 이라크 침공은 달러 헤게모니를 방어하기 위한 전쟁이라는 것이 국제정치학자들의 공통된 의견입니다. 이란, 베네수엘라, 이라크 등은 이미 외환 보유를 유로로 하고 있습니다. 이라크 후세인 정권이 석유 결제 화폐를 유로로 바꾸려고 했습니다. 이것이 도미노가 되어 산유국의 석유 결제 화폐가 유로로 바뀐다면 달러 가치의 폭락은 불 보듯 합니다. EU의 지도국인 독일과 프랑스는 끝까지 미국의 이라크 침공에 반대했습니다. 유로가 결제 화폐이기를 원했기 때문입니다.

이처럼 화폐 구조는 권력이며 그 자체가 허구입니다. 칼 폴라니Karl Polanyi가 상품화하지 않아야 하는 세 가지로 자연, 인간, 그리고 화폐를 들었습니다. 자연과 인간은 우리가 생산하지 못하기 때문입니다. 화폐는 실물이 아니라 시스템이기 때문입니다. 지금까지 이야기한 바와 같이 상품사회는 화폐 권력이 지배하고 화폐 권력은 그 자체가 허구입니다. 상품사회에서는 단지 인간의 정체성의 소멸되는 데 그치지 않고 우리가 발 딛고 있는 삶의 토대 자체가 공동화空洞化되지 않을 수 없습니다.”

신영복은 자본주의를 공격하면서 반미도 잊지 않습니다. ‘미국은 참 나쁜 나라’라는 주장을 끊임없이 되풀이합니다. 미국의 이라크 침공을 얘기하면서 옛소련의 동유럽 침공과 아프가니스탄 침공, 중국의 베트남 침공과 소수민족 탄압 등은 일절 언급하지 않습니다. 대표적인 '선택적 비난'이라고 할 수 있을 겁니다.

그는 상품사회를 비난하면서 '삶의 토대의 공동화'를 초래한다고 했습니다. 그렇지만 신영복이 주장하는 '삶의 공동화'는 민주주의 시장경제가 아니라 사회주의 계획경제에서 벌어졌습니다. 옛소련과 동유럽, 중국과 북한, 사회주의 베트남과 쿠바에서 인간의 삶은 정말 비참했습니다. 신영복 같은 좌파 지식인들은 자본주의를 욕하면서도 이러한 사회주의의 처참한 모습은 말하지 않습니다.

게다가 신영복은 '화폐는 시스템이고, 화폐 권력은 허구'라고 말합니다. 금융과 실물은 동전의 앞뒷면과 같은 것이며, 시장경제 발전의 주요 동인 가운데 하나가 금융 발전이라는 사실을 모르는 무지의 소산입니다. 금융은 자본이라는 한정된 자원을 끌어모아 생산을 위해 쓰고, 비효율적인 분야에는 돈을 주지 않음으로써 '효율적인 자원배분'을 위해 반드시 필요합니다. 금융이 발전한 나라가 선진국입니다. 16세기 네덜란드부터 시작해 영국, 미국이 대표적입니다.

신영복의 무지無知는 블라디미르 레닌의 무지無知와 닮은 것 같습니다. 사회주의 체제에서 전체 금융제도는 국가 소유가 되었습니다. 중앙은행과 다양한 특수은행투자은행, 외국 교역은행, 일반대중을 위한 저축은행 등이 존재했으나 실제로 이 은행들은 중앙은행의 지시에 복종하고 권력자의 통제를 받는 도구에 지나지 않았습니다. 흔히 정부가 금융산업을 좌지우지하며 비효율적으로 운영되는 금융을 관치금융이라고 하는데, 사회주의 체제에서는 100퍼센트 관치금융이었습니다.

레닌은 "가장 큰 은행, 모든 농촌 지역과 공장 등에 지부를 갖는 단일 국가 은행이 사회주의 기구의 10분의 9를 차지하게 될 것이다. 이것은 국가 전체 단위의 회계 업무, 국가 전체 단위의 생산과 상품 분배를 관할하는 회계가 될 것이다."라고 예견했습니다. 레닌은 '금융의 가장 중요한 기능은 자원의 효율적 배분'이라는 사실을 몰랐고, 그 결과 사회주의 체제의 자원 낭비는 극심했으며 경제가 발전하지 못했습니다. 신영복도 이런 지적 수준에서 전혀 벗어나지 못했다고 하겠습니다.

신영복은 다음 글은 정말 어처구니가 없습니다. 좌파 지식인, 김일성의 주체사상에 물들었던 운동권 출신들도 어이가 없어 할 것입니다. 자유민주주의에 정면으로 위반되고, 경제원칙을 근본부터 무시하기 때문입니다. 그런데도 이들은 신영복을 존경한다고 하니 그 모습이 가관입니다.

"소비를 통하여 자기 정체성을 만들어 낼 수는 없습니다. 자신의 인간적 정체성은 소비보다는 생산을 통하여 형성됩니다. 의상으로 인간적 정체성을 만들어내지는 못합니다. 그럼에도 불구하고 우리는 포장된 것과 정체성을 구별하지 못합니다. 우리들의 정서 자체가 포획되어 있습니다. …우리의 삶은 압도적인 부분이 사람들과의 관계로 이루어져 있습니다. 관계야말로 궁극적 존재성입니다. 자신을 개인적 존재로 인식하는 사고야말로 근대성의 가장 어두운 면이 아닐 수 없습니다.”

경제에서 생산은 소비를 위해 존재합니다. 사람이 사용하지 않은 물건과 서비스는 아무런 의미를 지니지 못합니다. 무용지물이 되는 것입니다. 애덤 스미스부터 모든 경제학자, 모든 기업인이 소비자의 만족을 위해 노력하는 것도 결국 ‘생산은 소비를 위해 존재’하기 때문입니다. 경영학의 대가 피터 드러커가 말한 ‘비즈니스의 목적은 고객을 만들어내는 것’이라는 의미를 신영복은 정면으로 거부하고 있습니다.
게다가 ‘자유롭고 주체적인 개인의 발견’ 즉 ‘개인의 인권과 재산권 보장’이 근대사회의 문을 열었는데 신영복은 그 부분을 철저히 무시합니다. 논리를 벗어나 비논리와 반⒮진실을 서슴지 않고 얘기합니다. 신영복은 이렇게 말합니다.

“우리가 잘 아는 경제원칙은 ‘최소의 희생으로 최대의 효과를 얻는 것’입니다. 참으로 비인간적인 생각입니다. ‘최대의 희생으로 최소의 효과를 얻는 것’이 훨씬 더 인간적입니다. 고뇌와 방황이 좌절이 인간을 얼마나 성숙하게 하는 지에 대하여 경제원칙은 무지합니다. 소비가 미덕이라는 구호도 비인간의 극치입니다. 단적으로 이야기한다면 최대의 소비는 전쟁입니다. 전쟁이야말로 미덕이 된다는 역설입니다. 지금 그것이 현실이기는 합니다.

상품이 우리에게 던지는 성찰의 메시지는 한이 없습니다. 그렇기 때문에 우리가 자본주의 사회를 이해하는 키워드로 삼고 있습니다. 소비와 소유의 역사를 거슬러 올라가면 소비와 소유는 자기가 생산한 것에 한해서 인정됩니다. 그리고 소비하지 않는 것에 대한 소유는 인정되지 않습니다. 생산과 점유와 소비는 하나였습니다. 자기가 생산하고 자기가 점유하고 있는 한에 있어서 소비와 소유가 인정됩니다. 나중에 소비하기 위한 저축 행위와 자기가 필요하지 않은 것을 사는 것과 바꾸는 교환 행위도 인류사에서는 훨씬 후기에 나타나는 현상입니다. 그러나 지금은 생산하거나 소비하지 않음은 물론 점유의 주체가 될 수 없는 죽은 사람까지도 소유권을 행사합니다. 상속권입니다. 최고 형태의 소유권입니다."

신영복이 말한 '최대의 희생으로 최소의 효과를 얻는 것이 인간적'이라는 대목에서 깜짝 놀랐습니다. 최대의 희생이라는 헛수고나 헛된 노동도 가치가 있다는 의미로 읽힙니다. 헛일 즉 가짜 노동은 어느 사회에서나 문제가 됩니다. 가짜 노동이란 성과와 상관없는 일, 보여주기식의 일, 단지 바빠 보이기 위한 일들을 말합니다.

이러한 가짜 노동은 노동시간에 기반한 보수체계, 오로지 충성과 총애에 의해 보수가 좌우되는 경제체제에 주로 나타납니다. 자본주의에서는 대부분 성과 기반 보상이므로 본인을 위해서라도 가짜 노동을 해야 할 이유가 사라지고, 그 덕분에 더 효율적인 경제가 되었습니다.

신영복의 주장처럼 '최대의 희생으로 최소의 효과를 거둔 사회'가 있었습니다. 사람들을 강제수용소에 몰아넣고 수많은 사람을 희생하면서 인간의 삶을 처참하게 만든 사회, 즉 스탈린과 그 후계자들이 다스린 소련, 마오쩌둥의 중국, 김일성-김정일-김정은 3대 세습의 북한이 그런 곳이었습니다. '노동량=가치'라고 보는 마르크스의 이론을 채택한 이런 나라에서 가짜 노동이 일반화되었고, 효율성과 생산성은 밑바닥을 기었습니다.

동유럽과 소련이 사회주의 체제였을 때 대표적인 농담이 "우리는 일하는 척하고, 정부는 돈을 주는 척한다"였습니다. 실제로 소련의 시베리아 강제노동수용소에서는 구덩이를 파게 한 다음 다시 메우고, 다시 파게 한 다음 메우는 고문이 있었다고 합니다. 인간은 목적 없이 어떤 일도 해나갈 수 없고, 고생만 하고 성과는 전혀 없는 헛일만큼 괴로운 것도 없습니다. 시베리아 강제수용소에서 땅을 파는 고문을 당했던 사람들은 얼마나 괴로웠을까요?

지금 와서 이런 상상을 해봅니다. 1970년대에 북한이 신영복의 북송을 원했는데, 그가 북한에 살았더라면 세상을 떠날 때까지 '사회주의 만세!'를 외쳤을까요?

23

세상은 사실과 진실에 기초해 발전합니다

자유민주주의 자유시장경제의 특징이 권력 분산입니다. '권력, 명예, 돈'을 한꺼번에 몰아주지 않습니다. 돈이 많았던 기업인 정주영도 대통령 선거에는 나섰지만, 최고 권력은 얻지 못했습니다. 권력을 추구하는 정치인, 돈을 추구하는 기업인 가운데 명예를 얻은 사람은 거의 없습니다. 100세를 넘긴 김형석 교수님 같은 분은 돈과 권력 대신에 명예를 얻었습니다. 무소유를 실천했던 성철 스님, 법정 스님, 김수환 추기경 같은 분도 명예를 얻은 인물로 우리의 기억에 살아 있습니다. 사회주의 계획경제의 특징은 '권력 집중'입니다. 권력을 쥐면 모든 걸 얻는 구조입니다. 북한의 권력자 김정은은 북한의 최고 부자입니다. '경애하는 원수님'이라는 가장 큰 명예(?)도 김정은이 독차지합니다. 사회주의 국가인 중국도 '권력, 부, 명예의 한 곳 집중'이 이뤄집니다. 최근 미국 의회의 은닉재산 보고서에는 중국 주석 시진핑이 가족 명의로 7억 달러를 숨겼다고 했습니다. 뉴욕타임스가 2012년 확인해 보도한 원자바오 전 총리 가문의 재산은 27억 달러에 달했습니다.

신영복은 『담론』 가운데 '상품과 자본'이라는 글에서 사회주의의 '권력 집중'은 다루지 않습니다. 그러면서 『자본론』에 입각해 '자본주의에서는 자본 권력이 장악했다'라고 주장합니다. 자본을 비난하지만, 이를 증명하는 자료나 데이터는 없습니다.

다음은 신영복의 글입니다.

"상품이 화폐로, 화폐가 자본으로 발전하는 것이 자본주의의 전개 과정입니다. 상품의 최고 형태가 화폐라고 했습니다. 화폐가 권력이듯이 자본은 더 큰 권력입니다. 자본 권력은 생산과 소비를 장악합니다. 시장을 장악하고, 국가를 장악하고, 세계질서를 장악합니다. 춘추전국시대를 법가가 통일했다고 한다면 근대사회는 자본가가 통일했다고 할 수 있습니다.

자본은 자기 증식하는 가치입니다. 자賁는 자滋와 같은 뜻입니다. 불어난다는 뜻입니다. 캐피탈capital은 카푸트caput라는 소를 세는 단위 즉 '마리'가 어원입니다. 소도 새끼를 낳고 우유를 만듭니다. 자본은 그 자체가 증식하는 가치입니다. 그렇기 때문에 모든 자본은 반드시 자본축적으로 이어집니다. 축적은 자본의 강제 법칙입니다. 자본주의의 역사는 자본 축적의 역사입니다.

여러분은 자본축적이라는 경제학 개념이 가시적이지 않을 것입니다. 수형 생활을 마치고 서울로 올 때였습니다. 무 배추밭이던 강남 일대에 엄청난 빌딩과 아파트 단지가 가득 들어차 있었습니다. 뿐만 아니라 두 개밖에 없었던 한강 교량이 열 개도 더 건설되어 있었습니다. 자동차, 도로, 수많은 상품들의 집적集積, 이것이 자본축적입니다. 자녀를 교육시키고 치료하고 그러고도 남은 여분이 건물, 교량, 자동차,

도로 등으로 축적되어 있었습니다. 엄청난 규모의 축적이었습니다. 물론 그 축적에는 해외 저축이 도입된 부분도 있습니다. 반대로 우리의 저축이 해외로 나간 것도 있습니다."

신영복은 감옥에서 생활하고 나온 후 본 대한민국의 발전을 '자본축적'으로 해석합니다. 우리 국민이 피땀 흘려 쌓아 올린 경제 기적을 '자녀를 교육시키고 치료하고 남은 여분의 축적'이라고 폄훼합니다. 그의 비상식적인 해석, 반反시장경제에 기반한 상상력이 놀랍기만 합니다. 신영복은 이렇게 말합니다.

"자본은 증식하는 것이기 때문에 '자본 문맥'이란 모든 것을 증식이라는 그릇에 담습니다. 모든 것은 증식되어야 합니다. 집값은 올라야 합니다. 경제는 계속 성장해야 합니다. 회사도 계속 발전해야 합니다. 자전거가 달리지 않으면 넘어지는 것과 같습니다. 그러나 이러한 발전과 성장이 과연 지속 가능한가에 대하여 생각해야 합니다. …'성과주체', '피로사회', '그림자 추월'이 후기 근대사회의 실상입니다. 이러한 질주가 언제까지 가능한가에 대한 회의가 오늘의 불편한 진실입니다. 그럼에도 불구하고 자본에 갇혀 있는 우리 의식에서는 모든 것이 성장하고 증대하고 상승하지 않으면 안 됩니다. 물론 그동안 자본주의의 역사는 그렇게 전개되어 왔습니다. 그것이 무엇을 파괴해 왔는가에 대해서는 무지했습니다."

신영복은 자본주의의 지속가능성을 문제 삼습니다. 다만 대부분의 좌파 학자들처럼 대안과 해결책은 없습니다. 신영복은 이어 '노동 소외'를 얘기하면서 자신이 노동자의 편으로 자리매김합니다. 그렇지만 신영복의 주장은 그저 말뿐입니다.

"자본축적은 기본적으로 자본의 유기적 구성의 고도화, 기계화로 나타납니다. 그런데 바로 이 기계화가 노동으로 이어집니다. '자본축적은 노동을 소외시킨다.' 이것이 자본축적에 대한 1차적인 인문학적 선언입니다. 기계 기술의 도입과 노동 생산성의 증대가 노동 해고로 이어진다는 것은 물론 자본축적 자체의 필연적 결과는 아닙니다. 『장자』의 반기계론에서 이야기했습니다. 10시간 소요되던 노동이 기계 기술 도입으로 두 시간으로 줄어든다면 그만큼 노동시간을 단축하면 됩니다. 그러나 현실에서는 8명은 해고로 나타납니다. 자본 축적 과정 자체가 사회적 경쟁에 노출되어 있기 때문입니다. 실업 문제 특히 청년 실업은 우리의 현실입니다. 노동 생산성이 높아질수록 노동이 소외된다는 사실은 참으로 역설적입니다. 자본축적은 노동계급을 궁핍화합니다. …'궁핍화'라는 의미는 물질적 소비 수준이 낮아진다는 것이 아니라 노동의 지위가 종속화된다는 의미입니다. 노동의 지위가 열악해지고 자율성이 침해된다는 의미입니다. 이 점에 대해서는 노동의 소외 문제에서 언급한 것과 같습니다. …우리가 특히 주의해야 하는 것은 노동자계급이라고 할 경우 그것이 특정 국가의 특정 부문의 취업 노동자를 염두에 두는 것이어서는 안 됩니다. 노동계급 전

반 즉 세계의 모든 노동계급을 포괄하는 개념으로 받아들여야 합니다. 실업과 비정규직의 양산은 물론이고 취업자의 불안, 국제경제의 수탈적 구조와 전 세계적인 빈곤층의 광범 확대와 기아 현상을 망라하는 개념입니다. 세계 인구의 33%가 빈곤 수준에 있는 오늘의 현실을 간과하지 않는다면 자본축적이 풍요의 과정이라는 주장이 도리어 설득력을 잃을 것입니다."

"근대사회가 자기 정당성을 근거로 내세우는 것이 'Big 5'입니다. 근대사회는 사회의 공적公敵 다섯 가지를 해결했다는 것이지요. 빈곤, 질병, 무지, 부패, 오염을 해결했다고 주장합니다. 과연 그런가? 이 다섯 가지가 해결되지 않았다는 반론이 오히려 설득력이 있습니다. 하나하나 자세히 분석하지는 않습니다. Big 5의 현 주소를 확인하는 것으로 그치겠습니다. …'Big 5'의 환상을 청산하는 것도 물론 중요합니다. 그러나 더욱 중요한 것은 자본주의 시스템 자체에 대한 환상을 청산하는 일입니다. 근대사회가 'Big 5'를 해결했다는 주장은 그것을 상품화하는 데 성공했다는 것에 다름 아닙니다. 상품화는 문제의 해결이 아니라 새로운 문제의 시작일 뿐입니다."

신영복이 말하는 '노동의 소외'와 '국제경제의 수탈적 구조'는 좌파 사회주의 지식인들의 단골 메뉴입니다. 마르크스에서 시작된 그러한 좌파의 주장이 무려 150여 년이 지나도록 발전이 없다는 겁니다. 앵무새처럼 같은 말의 끝없는 반복입니다.

좌파 지식인들의 문장은 결론을 봐야 합니다. 대개 비슷합니다. 유시민, 장하준, 신영복의 문장이 대부분 이렇게 끝납니다. '자본주의 사회는 문제가 많다. 바꿔야 한다. 그러나 미래가 뭔지는 모르겠다. 우리 모두 머리를 맞대고 고민할 때다'가 그것입니다. 국내 좌파 신문들의 칼럼이나 사설도 대부분 이렇게 끝납니다. 주의 깊게 살펴보시면 금방 알아챌 수 있습니다.

신영복도 다음처럼 말합니다.

"이처럼 (미국을 필두로 하는) 패권적 질서에 대한 회의는 공론화되고 있지 않을 뿐 많은 사람들이 우려하고 있는 불편한 진실입니다. 그리고 그것의 급격한 파탄을 저지하기 위한 연착륙과 민주화의 논의가 절실한 것이 현실입니다. …그럼에도 불구하고 현재로써는 어디서부터 어떻게 고리를 끊어 가야 할 것인가에 대한 답이 없습니다. 그러나 한 가지 분명한 것은 인문학적 성찰이 이러한 문제의 근본적 구조를 조감할 수 있는 드높은 관점을 열어 줄 것이라는 점에서는 의심의 여지가 없다고 할 것입니다."

자세한 분석은 은근슬쩍 피하고, 아무런 해결책도 제시하지 않습니다. 그저 상대방 비난만 일삼는 '좌파 정치인, 좌파 지식인'과 비슷한 시각으로 글을 끝맺음하고 있습니다.

세상은 사실과 진실, 즉 과학적 합리주의에 의해 발전합니다. 『팩트풀니스Factfulness』가 이를 잘 보여줍니다. 스웨덴 보건학자이자 통계학자인 한스 로슬링과 그의 아들 올라 로슬링, 며느리 안나 로슬링이 책의 저자입니다. 이들은 '사실에 근거한 세계관으로 무지에 맞서 싸운다'라는 신조로 2005년 갭마인더재단을 설립해 통계학계에 신선한 바람을 불러일으켰습니다.

그의 아들 올라와 며느리 안나는 한 인터뷰에서 이렇게 말합니다.

"아버지는 공중보건의로서 아프리카 극빈층 지역에서 일했습니다. 그 과정에서 경제발전, 농업, 가난, 건강 사이의 연관 관계를 연구하기 시작했고 정확한 인식이 올바른 도움으로 이어진다는 사실을 깨달았습니다. 거의 모든 사람이 자신의 무지를 자각하지 못한 채 살아갑니다. 한국을 포함해 14개국 1만2,000명을 대상으로 테스트를 실시한 뒤 이처럼 거대한 오해를 10개의 본능으로 체계화했습니다. 2013년부터 테스트를 시작해 매년 데이터를 추가하고 있습니다. 정확한 현실 인식은 올바른 결정으로 이어집니다. 세상은 빠르게 변화하고 바쁜 현대인은 그 흐름을 따라잡을 시간이 부족합니다. 잘못된 통계에 사람들이 휘둘리지 않았으면 합니다."

"세계 인구의 33%가 빈곤 수준에 있다."라고 말했던 신영복은 현 세계를 이렇게 평가합니다.

"빈곤의 문제는 더 이상 언급하지 않겠습니다. 지금도 10살 미만의 어린이가 5초에 한 명씩 아사하고 있습니다. 지구상에서 매일 10만

명의 인구가 영양실조로 사망하는 것이 현실입니다. 미국만 하더라도 하루 1달러 미만으로 생존하는 빈곤층이 2천만 명에 달합니다. 빈곤 수준을 어떻게 설정하는가도 문제이지만 그것을 생존 수단으로 낮게 잡는다고 하더라도 빈곤이 해결되었다고 하기는 어렵습니다. … 에이즈를 비롯해 AI조류인플루엔자, 에볼라에 이르기까지 신종 질병이 끊임없이 나타나고 있습니다. 이 모든 질병 중에서 가장 결정적인 질병이 소위 우울증입니다. 후기 근대사회의 질병입니다."

신영복의 주장이 사실일까요?
『팩트풀니스』 저자들은 이렇게 설명합니다.

"언론인, 정치인, 활동가, 교사, 연구원 모두 일상적으로 잘못을 저지른다. 그 사람들은 '그들과 우리', '개발도상국과 선진국', '잘 살고 못 살고', '북부와 남부', '저소득층과 고소득층' 등등으로 구분한다. 하지만 세상은 그게 아니다. '가난한 개발도상국' 따위는 존재하지 않는다. 오늘날 세계 75% 이상의 사람이 중간소득 국가에 산다. 양극단에 빈곤한 나라, 부유한 나라가 있지만 대부분은 가운데 몰려 있다. 하루 2달러 이하의 나라에 사는 인구 비율은 9%다. (물론 9%도 적은 숫자는 아니지만) 중간층에 사는 50억 인구가 샴푸, 오토바이, 생리대, 스마트폰 등을 소비한다.
소득수준에 따라 4단계로 나누는 게 필요하다. 1단계는 하루 2달러 이하, 2단계는 하루 2~8달러, 3단계는 하루 8~32달러, 4단계는 32

달러 이상365일×32달러=1만 1,680달러, 대략 연 소득 1만 2,000달러 이상으로 구분하는 것이다. 특히 '물, 이동 수단, 요리 방법, 식사, 침실'이 있고 없음에 따라 소득수준을 구분할 수 있다.

1단계 – 양동이, 맨발로 걷기, 모닥불, 거무스름한 죽, 땅바닥

2단계 –우물과 양동이, 자전거, 가스레인지, 전기, 매트리스

3단계 – 수도, 오토바이와 자동차, 가스레인지에 냉장고, 출퇴근, 침대

4단계 – 싱크대, 자동차, 오븐 냉장고, 골라서 식사, 침실

이렇게 볼 때 세상은 과거보다 훨씬 살기 좋아졌다. 그게 팩트사실이다."

『팩트풀니스』 기준에 따르면 2024년 기준 3만 6,132달러를 기록한 대한민국은 세계에서 매우 잘 사는 나라에 속합니다. 지금 수준으로 우리 경제를 도약시킨 주역은 누구일까요?

자본주의의 지속가능성, 빈곤, 질병 문제 등에 관한 신영복의 주장은 그저 거짓된 사실, 그릇된 신념에서 비롯된 것임을 알 수 있습니다. 대한민국 국민의 정신세계를 좀먹는 좌파 지식인들의 모습과 뇌 구조가 대부분 신영복과 비슷합니다.

24

부정부패의 원인은 경쟁이 아니라 '권력 독점'

마르크스적 계급주의 역사관과 사회주의 이념에 사로잡힌 신영복은 대한민국을 매우 부정적으로 묘사합니다. 자유시장경제의 기본 원리마저 싹 무시해버리는 과감성을 보입니다. 경제원리를 조금이나마 아는 사람이라면 신영복이 얼마나 거짓을 얘기하는지 금방 알아챌 수 있을 것입니다.

그는 『담론』에서 이렇게 말합니다.

"우리 사회가 약자에게 얼마나 포악한지에 대해서 모르지 않을 것입니다. 사회구조 자체가 근본적으로 왕따 구조입니다. …부패의 근본 원인은 경쟁입니다. 사활이 걸린 경쟁에서 살아남으려면 정직한 방법만으로는 불가능합니다. 부정을 감행하지 않을 수 없습니다. 당근과 채찍 사이에서 벌이는 사활적 질주에 못할 짓이 없습니다. 부패는 치열한 자본축적 과정의 필연적 사회 현상입니다."

신영복의 주장이 옳다면 자유시장경제 체제인 대한민국은 이미 망했습니다. 자본주의 국가의 대명사로 불리는 미국도 곧 망합니다. 그렇지만 현시점에서 '완전히 망한 국가'는 신영복이 젊은 시절부터 죽을 때까지 동경했던 '독재국가 북한'입니다. 미국을 곧 넘어서리라던 중국, 신영복과 문재인 그리고 민주당 사람들이 좋아하는 중국은 '황제 시진핑'의 일인 치하에서 한계를 드러내며 비틀거리고 있습니다.

신영복은 '경쟁'을 부패의 원인이라고 주장합니다. 그렇지만 신영복은 참을 거짓으로, 거짓을 참으로 뒤집어서 얘기하고 있습니다. 그의 주장과는 정반대로 부패의 근본 원인은 경쟁이 아니라 '권력 독점'입니다. 왜 그럴까요?

헝가리의 경제학자로 소련과 동유럽 공산주의 국가의 계획경제 문제점에 대해 날카롭게 분석하고 비판한 야노쉬 코르나이는 자신의 책 『사회주의 체제의 정치경제학』에서 사회주의 체제를 해부하면서 첫 주제로 '권력'을 언급했습니다. '권력, 즉 공산당의 일당 지배'가 모든 것을 설명하는 게 사회주의라는 게 '사회주의 전문가'인 그의 시각입니다. 코르나이는 권력을 첫 부분에 놓은 이유를 이렇게 설명합니다.

"사회주의공산주의 문제들의 근본 원인은 정치에서 비롯된다. 정치가 경제를 흔들게 되는 것이다. 자유민주주의 시장경제는 정치권력과 경제 권력의 견제와 균형을 통해 발전하는데, 사회주의는 그런 게 없다. 그저 전제정이나 왕정처럼 움직인다."

권력 독점이 사회주의 체제 내에 존재하는 '만악萬惡의 근원'이라고 지목한 코르나이는 공산당 당원의 숫자에 주목했습니다.

"옛소련과 동유럽 사회주의국가들이 무너지기 직전인 1986년 수치를 보면 중국은 4,400만 명으로 전체 인구의 4.2%, 소련은 1,850만 명으로 6.6%, 베트남은 170만 명으로 2.7%, 북한은 250만 명으로 12.2%, 루마니아는 355.7만 명으로 15.6% 등입니다. 소련, 중국, 몽골, 쿠바, 베트남, 북한과 동유럽 8개국의 통계를 보면 전체 인구에서 공산당원이 차지하는 비율이 최소 2.7%베트남부터 최대 15.6%루마니아까지 존재합니다. 너무 적으면 통제할 힘이 약해지고 너무 많으면 나눠먹을 파이가 줄어들기 때문입니다. 중국의 공산당원은 2024년 기준으로 약 1억 명 정도인데, 14억 명 인구의 7.1%입니다"

공산당이 모든 것을 독식하는 사회주의 국가에서 모든 것의 핵심은 공산당이며, 핵심 원칙은 민주집중제입니다. 민주는 국민이 주인이라는 의미이고, 집중은 권력이 한곳으로 몰린다는 뜻인데 둘을 하나로 묶었습니다. 마치 '뜨거운 아이스커피'처럼 전형적인 자기모순이자 이율배반입니다.

공산당은 상명하복 구조입니다. 지구당 위원회당 비서 – 지역 당위원회당 비서 – 중앙위원회 – 연방중앙위원회소련, 중국, 유고슬라비아가 있으며, 그 위에 연방중앙위원회를 통제할 정치위원회소련은 정치국이 있습니다. 중앙위원회는 당 지도자총비서와 그의 최측근들인 국가 혹은 연방 비서들도 선출합니다.

사회주의 국가의 외견상 공식 규칙은 모든 수준의 당 지도부와 당 비서진이 당원에 의해 선출된다는 것. 이는 미리 선출되어 있는 당 지도

자들에 의한 선거 위임 혹은 선거 행위를 통해 직접적 혹은 간접적으로 이뤄집니다. 이러한 선거 절차는 당의 결정이 오로지 선거로 선출된 기구들에 의해서만 가결될 수 있다는 규칙과 함께, 민주집중제 원칙의 민주적 측면을 구성합니다. '민주'의 가면을 쓰는 겁니다.

공산당의 진짜 다른 측면은 집중제입니다. 상위 당 기구의 결정은 하위 당 기구에게 의무가 되며 궁극적으로는 모든 당원에게 강제됩니다. 당의 문제는 결정되기 전까지는 논쟁에 부쳐질 수 있지만 결정된 이후에는 논쟁이나 저항 없이 수행되어야 합니다. '당의 명령, 상부의 명령'은 수정 과정이 없고, 절대복종만 있을 뿐 저항하면 반동분자가 되어 숙청 대상이 됩니다. 실제 생활에서 집중제는 대단히 강력합니다. 집중제의 공식적 규칙에 따르면 조직은 아래로부터 건설되지만, 실제로 조직은 막강한 힘으로 위로부터 작동합니다.

이런 사회에서 결국 최종 결정 권한은 1인에게 집중됩니다. 최고 권력의 말은 곧 법이 되고 진실이 되면 '절대 선善'이 됩니다. 그러다가 만약 일이 잘못된다면 어떻게 될까요? '절대 선'인 최고 권력을 비판할 수는 없는 권력구조에서 공산당은 반드시 희생양을 찾았습니다. 공산당 사회주의 독재에서 숙청이 빈번한 것은 이 때문입니다. 시진핑은 권력을 잡는 과정에서 경쟁자인 보시라이薄熙来를 제거무기징역했고, 김정은의 아버지인 김정일은 2009년 화폐개혁이 실패로 돌아가자 로동당 재정경제부장인 박남기를 처형했습니다. 권력은 윗사람이 누리고 처벌은 아랫사람이 받는 곳이 바로 공산당 독재의 사회주의 국가입니다.

공산당이 지배하는 사회주의 국가에서 많은 기업은 당연히 독점 구조입니다. 그런 사회에서는 지위와 돈이 권력에 의해 좌우되므로, 권력 쟁취를 위해 수단을 가리지 않습니다. '목적 달성을 위해 어떤 수단도 괜찮다'라는 기준이 적용되므로 부패가 판을 칩니다. 중국, 북한, 러시아 등이 대표적입니다. 권력 독점이 이뤄지는 독재국가도 부패의 극치를 달립니다.

좌파 지식인들은 '무상無償'이란 단어를 참 좋아합니다. 무상급식, 무상보육, 무상교육, 무상보건 등등. '세상에 공짜는 없다'라는 진실을 알면서도 일부러 외면하고 무상이란 단어로 사람들을 홀립니다. 그렇지만 사회주의 국가들의 '무상 원칙'에 부패가 따른다는 것을 이렇게 설명할 수 있습니다.

첫째, 20층짜리 아파트를 무상 혹은 같은 가격으로 임대하는 경우가 있습니다. 사람들은 대체로 아래층보다는 소위 로열층예컨대 10~18층을 좋아합니다. 로열층에 살고 싶으면 간단한 방법이 있습니다. 임대를 결정하는 사람들공산당 권력자에게 뇌물돈이나 물건을 주면 됩니다. 층마다 뇌물의 액수나 규모가 차이가 있을 수 있습니다. 결국 무상이 아니라 뇌물이 진짜 가격이 되는 겁니다.

둘째, 사회주의 경제는 늘 '생필품 부족'에 시달리는데, 이때 물건을 가진 사람이 뒷돈을 준 사람에게 물건을 빼돌려 배분하는 경우가 생깁니다. 당연히 부패가 만연하게 됩니다. 이처럼 부패와 뇌물의 촘촘한 네트워크가 바로 사회주의 체제입니다. 부패와 뇌물은 당연히 거짓말과 속임수를 유발하고 나중에 엉터리 통계, 가짜 통계가 판을 치는 세상이 됩니다. 공자가 말하기를 무신불립無信不立이라고 했는데, 무신불립의 대표적인 표본이 사회주의 국가였고 거짓과 허위 속에서 망해버린 겁니다.

한국경제신문에 실린 〈북한은 뇌물공화국〉이란 기사를 소개합니다.

"김대중 정부 시절 남북회담 취재차 금강산에 갔을 때다. 일정을 마치고 배를 타기 직전 안면을 튼 북한 실무 요원이 내 손을 잡고 면세점에 데려가더니 술·담배 등을 잔뜩 들고 "계산은 기자 동무가 하라"며 나가버렸다. 하는 수 없이 값을 치르고 밖으로 나와 누구에게 주려느냐고 물으니 바쳐야 할 곳이 많다고 했다. 왜 '삥' 뜯느냐고 항의하자 "알면서…"라고 말꼬리를 흐렸다. (뇌물을 마련은 해야 하는데 자신은) 당연히 낼 돈이 없다는 뜻이다.

북한은 배급제여서 임금 개념이 희박하다. 국제앰네스티 등 인권단체와 탈북자에 따르면 주민 대부분이 월급을 못 받고, 받더라도 북한 환율 기준 1달러에도 못 미친다. 배급제가 붕괴한 뒤에도 마찬가지다. 한 탈북자는 "오히려 직장에 자기 돈을 갖다 바쳐야 한다"고 폭로했다. 배급이 끊어지자 장마당이 형성됐고, 여기에서 번 돈을 뇌물로 바치는 사슬이 구조화했다. '안전원은 안전하게 먹고, 당 간부는 당당하게 먹고, 보위부는 보이지 않게 먹고'라는 말이 회자될 정도다.

통일부의 탈북자 조사에 따르면 뇌물 공여 경험은 2016~2020년 54.4%에 달했다. 이산가족 상봉 때 북한 주민이 남쪽 가족으로부터 받은 달러와 선물도 상납했다는 사실은 공공연한 비밀이다. 한국 영상, 노래 등을 단속하는 북한 관리들은 이를 자신의 부를 축적하는 수단으로 활용한다. 온 사회가 뇌물로 작동하면서 뇌물이 사업비로 불린다.

지난해 11월 한국으로 망명한 이일규 전 쿠바 주재 북한대사관 참사는 외무성 관리들을 '넥타이를 맨 꽃제비거지'라고 자조했다. 외무성 근무 때 그의 월급은 0.3달러에 불과했다. 세계은행이 정한 생존에 필요한 최저 수준인 하루 1.9달러와 비교 자체가 민망하다. 이 전 참사는 쿠바에서 근무할 때 한 달에 500달러약 69만 원를 받았다. 이 정도로는 해외 생활이 어려운데 더 힘들게 한 것은 '끔찍하게 많은' 뇌물 요구였고, 이게 한국에 온 한 이유였다고 했다. 북한의 엘리트 세계가 이 정도라면 그 아래 민생은 말할 것도 없다. 북한처럼 헐벗은 체제에 도덕과 윤리를 언급하는 것은 애초 무리일 것이다."

권력 독점인 사회주의 국가와 달리 신영복이 싫어하는 경쟁은 부패를 줄입니다. 민주주의 사회는 '권력의 분산을 통한 권력 간의 경쟁'이라는 토대 위에서 작동합니다. 시장경제는 '경쟁'을 통해 나쁜 상품을 생산하는 기업, 나쁜 서비스를 제공하는 기업을 쫓아냅니다. 경쟁이 부패를 없애고, 오히려 소비자의 만족을 돕는 기업이나 사람을 우대합니다. 정직하지 않으면 처음에는 성공할 수 있으나 나중에 성공할 수 없습니다. 그래서 발전합니다.

산업혁명을 처음 성공시킨 나라, 마르크스가 머물면서 『자본론』을 썼던 나라 영국에 이런 속담이 있습니다. '하루 동안 행복하려면 이발을 하고, 일주일 동안 행복하려면 결혼을 하고, 한 달 동안 행복하려면 말을 사고, 한 해를 행복하게 지내려면 새집을 짓고, 평생을 행복하게 지내려면 정직해야 한다.' 영국과 영국인들이 주체가 되어 세운 미국은 신영복과 좌파 지식인, 대한민국 운동권 그리고 좌파 인사들이 매우 싫어하는 '대표적인 자본주의 국가'입니다. 영국과 미국에서는 '거짓말'이 커다란 욕이며, 정직을 매우 중요한 가치로 여깁니다. 세계 각국을 비교할 때도 정직한 나라에 속합니다.

과거 우리 사회에 3대 거짓말이라는 우스갯소리가 있었습니다. '노인이 일찍 죽고 싶다', '처녀가 시집가지 않겠다(지금은 세태가 바뀌어 거짓말이 아닙니다)', '장사꾼이 밑지고 판다'가 그것입니다. 여기서 장사꾼은 거짓말을 하는 사람으로 인식되지만, 진실은 전혀 다릅니다. '성공한 상인, 성공한 기업인'은 정직을 생명처럼 여깁니다. 세계적인 상인집단의 사례가 그걸 보여주고 있습니다.

인도의 유대인이라 부르는 마르와리Marwari 상인들은 19세기에 비즈니스 네트워크를 형성한 후 인도를 넘어 중국, 중앙아시아까지 확대해 나갔습니다. '황소수레보다 더 멀리 가는 사람들'이란 말을 듣는 이들은 상인의 구두 약속만 믿고 거액의 거래를 했습니다. 인도의 마르와리 상인처럼 '하시디즘 유대인들신비주의'은 뉴욕에서 보석상을 운영하며 계약서 없이 구두 약속만을 믿고 보석을 서로에게 위탁하고 판매 이익금을 나눠 갖습니다. 동남아에서 화교들도 자신들끼리 구두 계약을 맺습니다. 정직과 신뢰를 바탕으로 사업 비용을 확 줄임으로써 말레이시아인이나 인도네시아인보다 경쟁적 우위를 확보하고 있습니다.

'공정한 경쟁'을 강조하는 이들 나라가 오히려 매우 정직한 사회이고, '경쟁은 나쁜 것'이라고 주장한 옛소련, 중국, 북한 등이 매우 부정직하고 부정부패가 만연한 사회가 되었습니다.

사회주의 소련을 건설한 블라디미르 레닌은 "사회주의와 자본주의의 경쟁에서는 생산성이 높은 쪽이 승리한다."라고 말했습니다. 사람의 본성과 경제 움직임에 무지했던 그는 사회주의가 엄청난 생산성을 보일 것이라고 착각했습니다. 뜬구름만 잡았던 레닌의 기준에 기초해서 만들어진 '경쟁 부재의 사회주의 체제'는 생산성 향상을 이뤄내지 못했고, 망했습니다.

다시 강조하지만 '경쟁이 부패를 막는다'라는 건 사실이며 진실 중의 진실입니다. 신영복은 이러한 세상의 진리를 왜곡한 '엉터리 지식인'에 불과했습니다. 이런 신영복을 존경한다는 지식인과 정치인이 오늘도 대한민국에서 큰소리 뻥뻥 치고 살아가고 있습니다. 현명한 국민, 특히 대한민국의 미래를 만들어갈 젊은이들은 '경쟁이 정의롭고 공정한 세상을 만든다'라는 진실을 분명히 인식하고 언제나 잊지 않았으면 좋겠습니다.

25

"미국은 곧 망한다"라고 외치는 엉터리 주술

경제공황은 좌파 지식인들이 '자유민주주의 자유시장경제'를 공격할 때 사용하는 단골 메뉴입니다. 백과사전에서 경제공황이란 항목을 보니 '신용거래의 붕괴 및 이와 관련한 상품 판매의 불황, 그에 수반되는 재생산의 수축과 대량의 실업 사태 등을 포함하는 자본주의 경제 특유의 현상'이라고 되어 있습니다. 좌파 사회주의자들은 경제공황을 보고 '사회주의에는 공황이 없다'라는 식으로 주장합니다.

경제공황은 자본주의의 특징이라는 좌파 지식인들의 주장에 전적으로 동의합니다. 경제공황은 시장경제의 메커니즘에 따라 호황과 불황이 교차로 일어나는 주기적인 현상이기 때문입니다.

경제공황은 시장경제가 발전한 나라에서 소비와 생산의 불균형, 특히 '생산 > 소비'의 국면에서 발생합니다. 사회주의 국가는 야노쉬 코르나이의 주장처럼 늘 생필품이 부족한 '결핍 경제'이므로 '소비 > 생산'이 일상화돼 있습니다. 아프리카와 아시아의 가난한 나라도 늘 '소비 > 생산'의 상황에 있습니다. 이들 나라에서 '물건이 풍족을 넘어 남아도는 상황'은 절대 일어나지 않고, 부족하기만 합니다. 당연히 '과잉생산에 따른 공황'이 없습니다.

그렇다면 사람들은 '물건이 늘 부족해 하루하루 먹고살기에 급급한 나라'에 살고 싶을까요, 아니면 '물건이 풍족해 비만이나 영양 과잉을 걱정하는 나라'에 살고 싶을까요?

대한민국 국민에게 '과거 중국, 북한, 쿠바 같은 사회주의 국가, 혹은 아시아와 아프리카의 빈곤 국가에서 앞으로 평생 살아라!'면서 보내버리면 아마 '정신 공황'에 빠져 미쳐버릴 것입니다. 좌파 지식인, 친북과 친중 정치인들이 그렇게 대한민국을 깎아내리면서도 중국이나 북한으로 넘어가지 않는 게 이런 이유일 겁니다.

경제공황을 언급하는 좌파 지식인들의 주장은 마르크스의 『자본론』에 기원을 두고 있는데, 세월이 흘러도 전혀 발전이 없습니다. 같은 주장만 되풀이하는 그들은 '고장 난 레코드판' 같다고 하겠습니다. 젊은 세대는 고장 난 레코드판을 잘 모르니, 같은 소리만 반복하는 '왕ㅌ꼰대'라고 하는 게 더 좋은 비유가 될 수도 있겠습니다.

신영복도 예외가 아닙니다. 자세히 보면 좌파 지식인 가운데서도 생각의 깊이가 상당히 약합니다. 『담론』에서 다음처럼 말하는데, 마르크스의 분석 수준에서 한 발짝도 앞으로 나가지 못한 듯합니다.

"자본축적 과정에서 우리가 확인할 수 있는 것은 생산은 재생산과정이며 재생산은 필연적으로 확대 재생산과정이라는 사실입니다. 그 과정에서 불균형이 누적됩니다. 이 불균형의 누적을 더 이상 견딜 수 없을 때 파열하는 것이 공황恐慌입니다. 엄청난 파괴가 뒤따릅니다. 공황은 자본 축적 과정의 필연적 현상입니다. …공황은 엄청난 인적 물적 자원의 파괴입니다. 이러한 파괴 과정을 통하여 생산 부문 간의 불균형이 조정됩니다. 파괴적 균형 회복입니다. 생산과 소비 간의 불균형도 조정됩니다. 열위劣位 자본이 날아가고 독점화가 진행됩니다."

신영복은 자유시장경제의 발전 과정 즉 '혁신의 과정'을 전혀 이해하지 못하고 있습니다. 감옥에서 읽은 게 동양 고전이나 좌파 인사들이 쓴 책이었던 만큼, 젊은 날의 생각이 더욱 딱딱하게 굳어가는 '박제의 인생'을 살았다고나 할까요?

자유시장경제에서 불황이 닥칠 때마다 새로운 기업이 일어나고 새로운 산업이 생겼습니다. 낡은 구조가 해체되고, 새로운 구조가 만들어졌습니다. 마치 나무에서 새싹이 돋아나듯이 경제가 새로운 단계로 도약하는 경우가 많습니다. 세계 경제는 여러 차례 공황에도 불구하고 꾸준히 성장했고, 인류 역사에 유례없는 번영을 이뤄냈습니다. 대한민국도 다행히 이러한 번영의 대열에 끼어들 수 있었던 반면, 북한은 처참한 파탄 국가로 전락했습니다.

경제공황은 어찌 보면 막대한 재산피해와 인명피해를 유발하는 산불과도 비유할 수 있겠습니다. 산불 피해는 워낙 크므로 예방과 진화를 게을리하지 말아야 하지만, 숲을 조성하는 방법만 놓고 본다면 복구 불가능한 수준만 아니면 산불이 전화위복이 될 수 있습니다. 이른바 '산불의 역설'입니다. 산불이 발생했던 숲이 발생하지 않았던 숲보다 나무들의 생장 상태가 좋아지고, 생물학적 다양성도 풍부해져서 건강한 생태계를 이루는 현상 즉 약간의 산불은 숲의 건강을 돕는 게

'산불의 역설'입니다.

이러한 주장이 나오게 된 배경에는 자연의 법칙인 생존경쟁이 자리를 잡고 있습니다. 한 지역의 숲에서 자라는 나무의 수가 포화상태가 되면, 해당 지역의 토질이나 기후에 적합한 나무들만 자라고 나머지는 대부분 도태됩니다. 이처럼 특정한 종류의 나무들만이 숲에서 자라게 되면 해당 나무를 먹이로 삼는 동물 이외에는 살기 힘들게 되고, 풀 같은 식물도 나무에 영양분을 빼앗겨 자라지 못합니다. 숲의 환경이 이렇게 획일적으로 바뀌게 되면 생태계는 서서히 파괴될 수밖에 없습니다. 산불이 일어나게 되면 해당 숲에서 자라는 개체들은 모두 사라지고 처음부터 다시 시작하므로 다양한 종류의 나무들이 자랄 수 있다고 합니다. 이런 이유로 미국이나 호주 같은 산림 분야 선진국들은 오래전부터 산불이 일어나도 일정 단계까지는 그대로 방치하는 정책을 펴고 있습니다.

신영복 같은 좌파 지식인이나 사회주의자들은 세상을 자연스러운 순환으로 보지 못하는 것 같습니다. 가을에 낙엽이 지면서 벌거벗은 나무와 음산해진 숲을 보고 '자연이 파괴됐다'라고 주장하고, 그게 따뜻한 봄을 맞이하기 위한 준비과정으로 보지 못하는 식입니다. 세상의 특정 측면만 열심히 들여다보는 '지적 편협성과 외골수 시각'이자, 딱딱한 껍질에 갇힌 박제가 된 곤충의 모습입니다.

신영복은 이어서 다음처럼 주장합니다.

"자본주의 역사에서는 이러한 공황이 주기적으로 일어났습니다. 거의 10년을 주기로 반복되었습니다. 이러한 공황은 대체로 전쟁에 의해서 극복되어 왔습니다. 전쟁과 군수물자 생산, 재정 지출이 유력한 공황 수습 대책이었습니다. 전쟁은 10년 단위로 반복되어 왔습니다. …자본축적과정과 주기적인 공황, 그리고 전쟁이 짝을 이룹니다. 공황은 열위 자본을 파산시켜 독점자본에 편입시킵니다. 독점화로 이어집니다."

신영복은 경제공황이 전쟁으로 인해 극복되었다고 하는데, 참으로 극단적이고 편협한 사고입니다. 서구권에 불황이 닥칠 때마다 전쟁으로 극복했던 것일까요? 아닙니다. 대부분 내부 혁신으로 극복했습니다. 1970년대 오일쇼크가 일어났을 때 선진국들은 혁신과 절약으로 극복했습니다. 대한민국이 외환위기를 극복할 때도 온 국민이 절약하고 기업들은 혁신과 구조조정에 나섰습니다.

신영복은 '공황을 극복한 전쟁'의 사례로 제2차 세계대전, 한국전쟁, 베트남 전쟁, 걸프전쟁 등을 소개합니다. 그렇지만 공황과 관계없이 전쟁을 일삼는 나라가 있습니다. 러시아는 팽창 야욕에 휩싸여 우크라이나를 침공했습니다. 중국은 통일해야 한다며 대만을 향해 무력을 행사하고, 주변 국가에 힘을 자랑합니다. 북한은 먹을 게 없는 비참 속에서도 연일 미사일을 쏘아 올립니다.

좌파 인사들이 모인 민주당은 전쟁을 일으키거나 부추기는 러시아, 중국, 북한을 결코 비난하거나 비판하지 않습니다. 이재명 민주당 대표는 2024년 1월 19일 더불어민주당 최고위원회의에서 "선대들, 우리 북한의 김정일, 또 김일성 주석의 노력들이 폄훼되지 않도록, 훼손되지 않도록 애써야 할 것"이라고 말하고, 그해 3월 22일, 당진 지원 유세에서는 "왜 중국을 집적거려요? 그냥 셰셰謝謝. 대만에도 셰셰"라고 얘기했습니다. 좌파 사회주의자 신영복을 떠받드는 사람들이 이런 모습을 보인다는 걸 우리 국민이 잘 알아야 합니다. 이런 인사들을 지지하는 사람들은 자기도 모르게 중국과 러시아 찬양, 북한 체제의 인정에 나서고 있음을 인식할 필요가 있습니다.

신영복은 '미국에 대한 비난과 저주'는 빼놓지 않습니다. 좌파 논리를 펴는 학자들의 글을 논거로 사용합니다. 너무나 작위적인 선택입니다.
그가 『담론』에서 펼친 주장을 소개합니다.

"지금은 미국을 필두로 하는 패권적 질서로 재편되어 있습니다. 그것이 오늘날의 세계질서입니다. 지금은 금융자본이 헤게모니를 장악하고 있는 단계입니다. 금융자본은 무엇을 생산하는 자본이 아닙니다. 산업자본이 자연과 노동을 수탈하는 것이라면, 금융자본은 큰 자본이 작은 자본을 수탈하는 파괴적 시스템입니다. 상품사회는 화폐 권력이 지배하고, 화폐 권력은 그 자체가 허구라고 했습니다.
이러한 파괴적 시스템을 뒷받침하고 있는 것이 전쟁 국가인 미국의 군사력임은 물론입니다. 프랑스의 정치학자이자 사회학자인 엠마누엘 토드에 의하면 미국은 어떠한 국제분쟁이나 전쟁도 문제의 최종적 해결에 이르게 하지는 않는다는 것입니다. 전쟁과 준전쟁 상태를 지속시킴으로써 개입의 가능성을 계속해서 열어둡니다. 그런 점에서 한반도의 평화 협정 체결이라는 최종적 해결은 미국의 계획에 없습니다. 뿐만 아니라 전쟁은 2등급 국가들과 벌인다는 원칙입니다. 이라크와 아프가니스탄 같은 중동국가, 아프리카와 남미 국가들이 대상입니다. 북한도 예외가 아닐 것입니다. 적어도 러시아나 중국과의 전쟁은 부담이 적지 않기 때문에 회피합니다. 어떤 경우든 미국이 주력하는 것은 군사력과 무기 현대화입니다. 그러나 『제국의 몰락』에서 엠마누엘 토드는 군사력에 기초한 미국의 단일 패권은 이미 기울기 시작했고 15년을 지탱하기 어렵다고 예견했습니다. 그것이 벌써 10년 전의 이야기입니다.

존스홉킨스대 사회학 교수였던 조반니 아리기는 미국 중심 패권 체제의 종언을 예견하고 있습니다. 물질적 팽창 국면은 경쟁 격화와 이윤 압착으로 나타나기 때문에 자본이 생산 부문에서 철수하여 금융과 투기로 이동합니다. 이 경우 실물 부문의 자본이 금융 부문으로 이탈하면서 두 부문 모두 일시적으로 이윤율 상승을 보이게 되지만 이러한 호황은 금융 부문의 투기적 환원과 생산부문의 부분적 경쟁 완화를 통해서 일어난 일시적 '벨 에포크Belle Epoque'에 지나지 않는 것입니다. 아리기는 『베이징의 애덤 스미스』에서 미국의 패권은 베트남 전쟁과 이라크 전쟁에서 실패하면서 이미 추락이 시작되었다고 주장하고 있습니다. 이처럼 패권적 질서의 지속가능성에 대한 회의는 공론화되고 있지 않을 뿐 많은 사람들이 우려하고 있는 불편한 진실입니다."

신영복의 주장은 이론적으로나 현실적으로 근거가 없습니다. 여기에 미국의 몰락을 줄기차게 외치면서 반미反美성향을 드러내고 있습니다. 신영복은 '금융자본은 파괴적 시스템'이라고 하는데, 금융과 산업은 동전의 양면과 같다는 상식조차 없는 것 같습니다. 금융은 자원을 효율적으로 모아서 효율적으로 투자하게 만드는 '자원배분 시스템'이고, 선진국은 모두 금융이 발전한 나라라는 사실을 전혀 이해하지 못하는 것 같습니다. 그저 '돈놀이하는 사람은 나쁜 사람들'이라는 옛날 사람들의 고루한 생각에서 전혀 벗어나지 못하고 있습니다.

그가 소개한 엠마누엘 토드의 『제국의 몰락』이 나온 시점이 2003년입니다. '미국의 단일 패권은 15년을 지탱하기 어렵다'라고 예언했는데, 그의 예언이 사실이라면 2018년이면 미국의 국력이 크게 기울었어야 합니다. 그런데 묘하게도 미국의 힘경제력과 군사력은 더욱 커지고 있습니다. 참고로 21세기가 시작될 무렵 인구가 3억 4,000만 명인 미국과 인구가 4억 5,000만 명인 EU유럽연합의 GDP가 비슷했습니다. 그러다가 20여 년이 흐른 2024년 기준으로 미국의 GDP는 28조 달러, EU의 GDP는 19조 달러입니다. 유럽연합이 미국의 67% 수준으로 상대적 비중이 줄었습니다. 엠마누엘 토드는 미국의 추락을 예견했는데, 그의 말은 정반대로 나타나면서 거짓이 되었습니다. 그런 사람의 말을 신영복은 진실인 양 인용합니다.

조반니 아리기도 좌파 학자입니다. 그도 당연히 미국을 질시하는 비판적인 시각을 갖고 있습니다. 그는 미국 다음의 패권국으로 중국을 지목했지만, 여러 가지 측면에서 비판받고 있습니다. 먼저 공산당 독재의 '중국식 자본주의'가 지닌 권력 착취구조에 무지하고, 세계의 자본이 미국으로 몰리며 미국의 군사적 우위가 계속 강화되는 점을 묵과했습니다. 아리기는 공산당의 구조적 부정부패와 극심한 빈부 격차를 외면하면서 일종의 '좌파 오리엔탈리즘'을 보였다는 지적을 받고 있습니다.

신영복은 이처럼 반미 시각을 지닌 좌파 사람들의 주장을 인용하면서 '미국 패권은 지속가능하지 않다'라는 게 바로 '불편한 진실'이라고 강변합니다. 그의 말을 믿고 세계를 보는 사람들은 제대로 세계를 보기가 어렵게 됩니다. 그런 면에서 신영복은 대한민국의 많은 국민에게 '불편한 진실'을 말한 게 아니라 '일방적인 주장과 진실을 외면한 거짓'을 설파한 지식인이었습니다. 그의 거짓말이 지금도 여기저기 떠돌아다니고, 거짓된 사람이 쓴 글씨가 여기저기 걸려 있다는 사실 자체가 대한민국에는 크나큰 해악입니다.

26

한국 좌파의 실체는 수구守舊, 주자학의 후예들!

좌파와 우파는 세상을 바라보고 사회를 바꿔 나가는 방식에서 차이를 보입니다. 좌파는 급진적인 해결방식을 선호합니다. "확 엎어 버리자!"는 식의 구호를 즐깁니다. 우파는 점진적인 해결방식을 선호합니다. "세상은 그렇게 확 바뀌는 게 아니다."라고 말합니다.

좌파와 우파는 절대적인 기준이 아니라 상대적인 기준입니다. 기존질서나 기득권을 옹호하느냐 아니면 변화를 주장하느냐는 시각에서 볼 때는 좌우 개념이 정확하지 않으므로 '진보와 보수'로 나누기도 합니다. 좌파와 진보가 동일하지 않고, 보수와 우파도 같지 않습니다. 좌파 시각을 가진 사람들은 진보는 발전으로, 보수는 정체라는 패러다임에 가두려고 합니다. 그렇지만 보수는 잘못된 부분은 고치고 변화를 받아들입니다. 그런 면에서 보수를 보수補修, 낡은 것을 수리하고 고침라고 부르기도 합니다. 변화를 수용하지 않고 옛것만 고집하는 사람들은 수구守舊라고 불러야 합니다.

산업혁명을 일으킨 영국, 그리고 세계에서 가장 선진국인 미국이나 서유럽의 경우 경제발전을 이룬 세력은 보수였습니다. 보수 이념은 경제적 자유주의와 정치적 합의를 중시하는데, 바로 이러한 생각을 통해 오늘의 번영을 만들어냈습니다. 서구에서 좌파 이념은 실용주의 측면에서 효용성이 거의 없기에 소수 지식인의 영역으로 축소됐습니다. 소련의 몰락 이전까지 나름 이름을 날리던 좌파 지식인들이 지금은 '역사의 먼지 낀 유골' 정도로 취급됩니다.

대한민국의 발전도 보수 세력이 이뤄냈습니다. 좌파 인사들이 매우 싫어하는 박정희 전 대통령이 1966년 필리핀을 방문했을 때 "한국도 이렇게 잘 살 수 있다면 얼마나 좋을까"라고 말했습니다. 마르코스 대통령에 건넨 첫 인사말이었다고 합니다. 그해 필리핀의 1인당 국민소득은 230달러로 한국 120달러보다 두 배나 잘 사는 나라였습니다. 일본에 이어 동아시아에서 두 번째로 잘 살았습니다. 1966년 설립된 아시아개발은행ADB의 본부가 필리핀 마닐라에 있는 것은 필리핀이 상대적으로 잘 살고 사람들이 영어를 구사할 수 있었기 때문입니다. 우리나라는 하루하루 굶지 않으려고 발버둥 치던 시절이었습니다. 대한민국은 돈이 없었기에 아시안 게임을 열지 못했고, 2회 연속 방콕에서 아시안 게임이 열렸습니다. 필리핀의 마르코스도 1917년생으로 동갑내기인 가난한 대한민국 국가원수를 홀대했습니다. 다른 나라 정상들에게는 스위트룸을 준 반면 박정희 대통령에게는 다른 층의 구석진 방을 제공했었다고 합니다. 박 대통령은 분노에 이를 악물었고, 그 후 경제개발에 매진했습니다. 필리핀은 2022년 기준 국민소득이 3,500달러로 대한민국의 10분의 1수준입니다.

흥미로운 사실은 민족주의에 대한 성향입니다. 좌파와 우파의 정치 성향에 따라 서구에서는 우파가 강한 민족주의 성향을 보이고, 좌파가 반反민족주의 성향을 보입니다. 반면에 대한민국에서는 좌파가 폐쇄적인 민족주의 성향을 보이고, 우파가 개방적인 세계주의글로벌리즘를 추구합니다. 대한민국 경제발전은 이처럼 개방적인 세계주의자들 즉 보수 우파 세력이 이뤄냈습니다. 왜 그런 결과가 나왔을까요?

신영복은 『담론』에서 다음처럼 얘기하는데, 매우 편협한 시각을 갖춘데다 근거 없는 억지 추론으로 일관하고 있음을 알 수 있습니다.

"조선의 건국 과정을 몇 가지 관점에서 정리할 필요가 있습니다. 첫 번째는 고려말의 현실입니다. 두 개의 모순이 거의 극한에까지 치달았습니다. 하나는 사회경제적 모순, 또 하나는 민족적 모순입니다. 조선 건국은 이러한 두 가지 모순을 극복하는 정치 과정이었습니다. …(사회경제적 모순으로 호강豪強과 소작인밖에 존재하지 않는 극심한 양극화가 일어납니다. 종소 재지지주在地地主와 자작농이 살아남지 못합니다. (정치적 모순으로) 원나라가 세운 심양왕이 오히려 고려왕보다 위세가 큽니다. 친원파親元派 권문세족이 정치를 전횡했습니다. 자주권마저 없었습니다. …모순 극복에는 사상과 주체가 동시에 등장해야 합니다. 사회 변혁은 사상 투쟁에서 시작됩니다. 그리고 사상 투쟁은 그 투쟁을 견인해 갈 주체가 있어야 합니다. 성리학의 개혁 사상을 받아들여집니다. 그리고 그것을 추진한 주체가 여러분이 국사 교과서에서 배운 신진사류입니다."

"사회경제적 모순이 토지 중심의 내부 문제였음에 비하여 민족 모순은 외부와의 충돌입니다. …몽골과의 충돌은 몽골 지배로 이어지고 일본과의 충돌은 일제 식민지로 전락합니다. 일본과의 충돌은 실패였고, 몽골과의 충돌은 조선 건국이라는 형태로 우리가 자체적으로 지양해냈다고 할 수 있습니다. …정도전을 비롯한 조선 건국자들은 열린 사고를 가질 수 있었고, 원명 교체기에 대단히 유연한 국가 경영 방식을 취합니다. 중국이 천하의 중심이 아니라 많은 국가 중의 하나라는 생각을 가지고 있었습니다. 이런 유연한 사고가 조선 건국으로 이어졌다고 할 수 있습니다. 몽골과의 충돌은 조선 건국으로 지양되었음에 비하여 일본과의 충돌은 그렇지 못합니다. 그러나 최근 보수 정권의 등장과 함께 한국현대사학회 중심의 뉴라이트에서는 일본과의 충돌이 성공적이었다고 주장합니다. '식민지 근대화론'이 그것입니다. 근대화 논의가 간단하지 않음은 물론입니다. 그러나 양자와의 차이에서 결정적인 것은 몽골과의 충돌은 '비非A'라는 지양의 과정이 었음에 반하여 일본과의 충돌은 비非A가 아니라 아예 B나 C로 전락했다는 것입니다. 역사의 단절이라 해야 합니다. 국가가 망하고 언어, 전통, 문화가 단절되는 것이었습니다."

신영복은 '중국이 천하의 중심이 아니라 많은 국가 중의 하나라는 유연한 사고가 조선 건국으로 이어졌다'라고 주장했습니다. 역사에 대한 크나큰 왜곡이 아닐 수 없습니다. 하나의 사례만 들겠습니다. 이성계가 고려를 뒤엎은 다음 새 나라를 세울 때 국호를 어떻게 정했을까요?

『태조실록』을 보면 태조 이성계는 즉위 후 교서를 통해 '나라 이름은 이전대로 고려라 한다'라고 밝히고, 명나라에 새 나라의 개국과 태조의 즉위를 알리는 내용의 사절을 보냅니다. 이때 명은 새 나라의 국호는 무엇으로 고쳤는지를 되묻는데, 조선은 이성계의 고향인 '화령和寧'과 고대에 존재하였던 국가명인 '조선朝鮮' 중에 하나를 택하여 달라고 청하고, 명이 '조선'을 택함으로써 국호가 확정되었습니다. 조선 국왕의 경칭도 전하殿下로서 중국의 폐하陛下보다 낮았습니다. 중국을 떠받드는 이러한 사상 즉 사대주의의 잔재가 친중 인사들, 그리고 '중국은 큰 나라'로 칭한 문재인 전 대통령과 그 추종자들의 머릿속에 뿌리박혀 있습니다.

신영복은 뉴라이트의 '식민지 근대화론'을 비판합니다. 식민지 근대화론은 문제가 많습니다. 일본이 한국을 그처럼 근대화했다면 왜 일제강점기에도 우리는 가난을 벗어나지 못했고, 먹고살기 위해 만주나 연해주 등 해외로 나가야만 했을까요?

다만 식민지 근대화론을 따지기에 앞서 구한말의 상황을 생각해야 합니다. 구한말 조선을 구하고자 했던 뜻있는 지식인들은 일본을 배우려고 했습니다. 일본이 근대화 측면에서 가장 앞섰기 때문입니다. 독립문을 세운 것도 지긋지긋한 중국의 횡포와 간섭에서 벗어나 새로운 근대 세계로 가고자 했던 열망이었습니다.

중국의 횡포와 간섭을 대표하는 인물이 바로 위안스카이입니다. 중국에서도 최악의 한간漢奸. 매국노으로 불리는 위안스카이는 1882년 임오군란 당시 한국에 들어와 군란을 진압하고 흥선대원군을 청나라로 압송하는 데 공을 세웠으며, 청나라 본대가 철수한 이후에도 1894년까지 12년간 조선 주재 청국 공사 역할로서 사실상 조선 총독으로 군림했습니다. 위안스카이가 오만방자의 극치를 보여주자 조선 백성들은 그를 감국대신監國大臣, 총독이라고 불렀습니다. 위안스카이는 경제적·정치적으로 각종 내정간섭을 통해 한국의 근대화를 방해함으로써 결과적으로 일본의 힘을 키워주는 데 일조했습니다. 그런데도 신영복은 이러한 시대적 상황을 설명하지 않습니다.

신영복은 조선의 사림을 높이 평가하면서 그들의 반대편에 훈구 보수 세력을 놓습니다. 그리고 훈구보수 세력이 지금까지 이어졌다고 합니다.

"조광조가 죽고 나서 우리나라 개혁 세력들이 일대 반성을 합니다. 패러다임의 전환이라고 할 수 있습니다. 첫째 중앙에서 지방으로, 둘째 정치 투쟁에서 사상 투쟁으로, 셋째 기동전起動戰에서 진지전陣地戰으로'라는 일대 전환입니다. …이러한 패러다임의 전환 이후 정확히 50년 만에 성리학적 가치가 사회적 아젠다로 확립됩니다. 1568년 선조의 즉위는 아무런 정치적 사변이 없었습니다. 불과 50년 사이에 성리학적 가치, 즉 치자治者의 양심 문제가 사회적 정의로 공인됩니다. …그러나 훈구 척신 세력들은 절대로 만만하지 않습니다. 노회한 권모술수에 개혁 사람들이 백전백패합니다. 이것은 현대 정치에도 예외가 아닙니다. 물론 언론이나 사회의 여러 조직들을 장악하고 외세의 지원을 업고 있기 때문이기도 하지만 개혁파가 도덕적 정의만으로 승부하려고 하는 것에 반해서 보수 우파들은 동원하지 않는 전략 전술이 없습니다. 엄청난 기만과 정보를 동원합니다. 기묘사화 때도 훈구파들이 잎사귀에다 꿀물로 주초위왕走肖爲王이라 쓰고 벌레가 파먹게 해서 그걸 임금한테 갖다 보이게 했다고 합니다. 개혁 사림의 가치가 사회적 공감대를 만들어내자 훈구 척신들은 재빨리 개혁 이미지 속으로 피신합니다. 변신에 능합니다. …(훈구 보수 세력은) 민족 투쟁에서는 무력하고 비겁한 반면, 국내의 계급투쟁에서는 예의 그 탁월한 능력을 유감없이 발휘합니다. 정묘·병자 양란兩亂을 초래합니다. 역시 훈구 보수 세력은 무능의 극치를 보입니다. 북벌北伐을 기치로 내세우며 지배 구조를 유지하기에 급급합니다. 이 시기에 대해서는 지난번에 이야기했습니다. 1623년 인조반정 이후로 노론 세력들은 지금까지 지배 권력으로 군림하고 있습니다. 조선 후기, 일제강점기, 그리고 해방 이후 군사정권에 이어 오늘에 이르기까지 막강한 보수 구조를 완성해 놓고 있습니다. 물론 배후에 압도적 지원을 업고 있는 것 역시 그때와 다르지 않습니다."

신영복의 상상력은 정말 대단합니다. 상상력이 아니라 망상력妄想力이라고 하는 게 더 정확하지 않나 싶습니다. 인조반정 이후로 정권을 잡은 노론 세력들이 400년이 지난 21세기까지 대한민국의 지배 권력이라는 겁니다. 조금이라도 역사를 공부한 사람이라면 도저히 이해할 수 없는 거짓 주장입니다. 그런데 대한민국 좌파라는 사람들은 이런 주장을 앵무새처럼 되풀이하면서 자신들을 반일했던 사람이란 식으로 자리매김합니다. '노론=일제 친일파=보수 세력'의 등식을 통해 우파 보수는 친일 세력과 같은 의미로 몰아붙이고 있습니다.

여기서 함재봉 전 연세대 교수의 『한국인의 탄생』을 다시 소개할까 합니다. 함재봉은 1910년 조선이 일본에 합병된 이후 9년 후인 1919년 3·1운동이 일어났을 때 '누구도 조선 왕정의 부활을 주장하지 않았다'라는 사실에 주목합니다. 그러면서 조선이 망하면서 '조선 사람'과 구분된 한국인이 만들어진다고 합니다. 함 교수는 다섯 가지 부류를 제시하는데, '친중 위정척사파, 친일 개화파, 친미 기독교파, 친소 공산주의파, 인종적 민족주의'라는 5개 부류입니다. 역사 속 그리고 현재의 한국인들은 하나의 부류에만 해당하는 것이 아니라 둘 이상에 해당한다고 보는 겁니다.

그렇다면 대한민국의 발전을 이끈 세력은 누구일까요? 이승만친미 기독교파과 박정희친일 개화파 등이 주역이라고 할 수 있습니다. 이들은 한미동맹을 통해 대한민국 안보를 만들고, 대일 수교를 통해 차관을 들여와 경제 기적을 만들어갑니다.

함재봉 교수는 2021년 2월 〈주간동아〉 인터뷰에서 이렇게 말했습니다.

"개신교가 조선에서 근대적 인간이 등장하는 데 어떻게 일조했는지 분석했다. 칼뱅주의 영향 속에서 개신교를 수용한 사회는 자유주의 정치와 시장경제로 나아가게 마련이다. 네덜란드와 영국, 미국이 대표적 사례다. 19세기 말 형성된 조선의 친미 기독교파도 마찬가지다.

일제강점기를 지나 대한민국 건국까지 이 땅에 근대성이 뿌리내리는 데 기여했다."

친미 개신교파의 후예들이 대한민국의 보수 우파의 한 축을 이루는 데, 기독교를 믿는 사람들이 이념과 사상 측면에서 주자학을 신봉한 훈구 보수 세력의 후예가 결코 될 수 없습니다. 연결고리가 만들어지지 않는 만큼 신영복의 "노론 후계자가 보수 세력이다."라는 주장의 논거는 바로 사라져 버립니다.

신영복의 논리가 틀렸다면 대한민국 좌파 진보의 뿌리는 어디일까요? 바로 친중 위정척사파, 친소 공산주의파, 그리고 인종적 민족주의 성향을 가진 사람들이 그들입니다. (물론 우파도 당연히 민족주의 성향을 지닙니다. 대한민국을 사랑하고 자랑스럽게 여기는 데는 좌우가 없는 셈입니다.)

함재봉 교수는 또한 "집권 586, 조선 말 친중 위정척사파 닮았다'라며 다음처럼 주장합니다.

"586세대는 1980년대 민주화를 울부짖었다. 상당수는 NL^{민족해방}이니 PD^{민중민주}니 하는 이념 투쟁에만 골몰했다. 심지어 북한을 신봉하는 주체사상에 빠지기도 했다. 586세대 정치인들이 그런 이념을 버렸어도 젊은 시절 익힌 편협한 세계관의 영향은 무시할 수 없다. 조선 말 친중 위정척사파의 협애^{狹隘, 범위가 좁고 제한적인}한 가치관과 닮은꼴이다. 여기에 인종적 민족주의까지 결합했다. 미국·일본에 대한 반감, 중국·

북한에 대한 막연한 동경이 그것이다. 지금 남북한이 하나라고 볼 근거는 이른바 '피血'밖에 없다. 이념과 사고방식이 전혀 다르다. 북한은 지금도 한국을 핵폭탄으로 말살하겠다고 벼른다. 그럼에도 어떤 이는 통일을 낭만적으로만 바라보고 북한 정권에게 뭔가 베풀고 싶어 한다. 인종적 민족주의의 폐해다. 중국에 굴종적 태도를 보이는 것도 친중 위정척사파와 같은 현실 오판이다."

신영복의 사고방식을 보면 세상을 전혀 몰랐던 위정척사파의 전형적인 후예라고 할 수 있습니다. 위정척사파의 시조라 할 수 있는 화서 이항로는 인욕人慾 중에서 가장 폐단이 많은 것을 통화通貨와 통색通色, 자유연애이라고 했습니다. 그는 통화에 의한 이익 추구를 철저하게 반대했으며, 상품매매는 매매자 한편의 일방적인 이익만 추구한다며 부정적으로 보았습니다. 이항로는 "중국의 도道, 공자의 도가 없어지면 이적夷狄과 금수禽獸가 밀려오는 것이다. 북쪽 오랑캐는 이적인지라 오히려 말할 수 있지만 서양은 금수인지라 말할 수도 없는 것이다."라고 할 정도였습니다.

신영복이 『담론』에서 여러 차례에 걸쳐 '자본주의는 화폐 권력이다.' '화폐 권력은 허상이다.'라고 주장하는데, 이항로의 생각과 비슷합니다.

27

양심수가 아니라 사상범!
양심의 가치를 훼손하고 왜곡했다.

신영복은 20년을 감옥에서 책을 읽고 서예를 하다가 세상에 나왔습니다. 운동권과 좌파 인사들, 그리고 좌파 성향의 언론에서는 그를 '시대의 양심수'라고 추앙했습니다. 그의 책 『감옥으로부터의 사색』이 추종자들의 열렬한 지원 덕분에 베스트셀러가 되었습니다. 마치 이재명의 부인 김혜경의 『밥을 지어요』가 소위 개딸개혁의 딸로 불리는 극성 민주당원들의 열렬한 사재기 덕분에 베스트셀러가 된 웃픈 사례와 비슷합니다. 좌파 사고를 지닌 사람들은 이런 식으로 유시민, 조국 등을 베스트셀러 작가로 만들었습니다. 좌파 언론들도 신영복의 실체에 대한 충분한 검증 없이 그를 '양심적 지식인'으로 포장했습니다. 내심 전향한 적이 없는 좌파 사회주의자 사상범이 양심적 지식으로 변신하는 참으로 어이가 없는 일이 벌어진 것입니다.

신영복은 자신이 '양심수, 양심적 지식인'이라고 불린 게 매우 뿌듯했나 봅니다. 양심이란 어떤 것인가에 대해 무지몽매한(?) 대중들에게 '큰 가르침(?)'을 줍니다. 그는 『담론』에서 이렇게 말합니다.

"오늘날 특정한 개인에게서 당대 사회의 지식인상을 요구하는 것은 무리라 할 수 있습니다. 그럼에도 불구하고 사표師表로서의 지식인상은 어느 때보다 더 질실하게 요구되는 상황입니다. …지식인이 갖추어야 할 가장 중요한 품성을 한 가지만 말하라고 한다면 단연 '양심적인 사람'입니다. 양심은 다른 사람을 배려하는 인간학일 뿐 아니라 그 시대와 그 사회를 아울러 포용하는 세계관이기 때문입니다. …60년대의 학생운동 특히 이념 서클은 일부 대학의 일부 학과를 중심으로 이루어지고 있었고 참여하는 사람도 소수였습니다. 당연히 사람 찾는 일이 일이었습니다. 당시에는 대체로 진보적인 사상과 사명감을 가장 높이 평가했고, 조직력과 실천적 역량도 높이 평가했습니다. … 뒤늦게 깨달은 것이지만 (학생운동) 그 당시에는 별로 두각을 나타내지 못했지만, 꾸준히 그 길을 지키고 있는 사람도 있었습니다. 놀랍게도 그 사람들은 양심의 가책 때문에 함께한 사람들이었습니다. 자신의 이념이나 사명감 때문이 아니라 친구들의 권유를 외면한다면 두고두고 양심의 가책으로 남을 것 같아서 참가한 사람들이었습니다. …지식인이란 모름지기 양심의 사람이어야 합니다."

신영복이 말하는 양심을 사전에서 찾아봤습니다. 국어사전을 보니 '양심이란 사물의 가치를 변별하고 자기의 행위에 대하여 옳고 그름과 선과 악의 판단을 내리는 도덕적 의식'이라고 해석되어 있습니다. 신영복의 삶과 글은 이러한 양심의 정의에 부합할까요?
신영복은 죽을 때까지 사회주의 세상을 꿈꾸며 자유시장경제資本主義를 혐오하고 저주했습니다. 그는 '양심은 그 시대와 그 사회를 아울러 포용하는 세계관'이라고 말했는데, 실상은 정반대로 대한민국 헌법 가치인 자유민주주의와 자유시장경제의 가치를 신봉하지 않았습니다. 좌파 사회주의만 믿으면서 자유민주주의와 자유시장경제에 악담만 퍼부었습니다. 대한민국의 정체를 부정하면서 우리 국민이 피땀 흘려 쌓아 올린 업적을 깎아내리고 말장난만 일삼았습니다.

그가 과거를 얘기하면서 친구 사례를 든 것도 정말 양심과는 거리가 먼 그의 실체를 보여줍니다. 그는 "꾸준히 그 길을 지키고 있는 사람은…자신의 이념이나 사명감 때문이 아니라 친구들의 권유를 외면한다면 두고두고 양심의 가책으로 남을 것 같아서 참가한 사람들이었습니다."라고 표현했습니다. 이게 무슨 뜻일까요? 그건 대한민국을 부정하고 좌파 사회주의 운동을 한 사람들이 이념이나 사명감이 아니라 '친구의 권유 외면이 양심의 가책'이라는 지극히 사적인 감정에 의해 움직였다는 걸 뜻합니다. 한마디로 양심이 아니라 개인적인 관계 때문에 그렇게 학생운동을 했다는 것인데, 그건 좌파 사회주의자들의 사고 기초가 지극히 취약하다는 걸 의미합니다. 신영복은 스스로 좌파 사회주의자들의 한계를 인정했다고 하겠습니다.

신영복이 규정하는 양심의 사례를 들어보겠습니다. 신영복은 프랑스혁명의 주역 로베스피에르를 '프랑스혁명의 양심'이라고 불렀습니다. 사람들이 로베스피에르의 실체를 안다면 절대 프랑스혁명의 양심이라고 할 수 없을 겁니다.

막시밀리앙 드 로베스피에르는 프랑스혁명 당시 정치가이자 공포정치의 시행자였습니다. 그는 좌파인 자코뱅당 내에서도 급진파의 지도자로서 사실상 독재자로 프랑스를 지배했고 숙청을 통한 공포정치로 많은 반대파를 단두대의 이슬로 사라지게 했습니다. 그래서 별명이 '루소의 피로 물든 손'이었습니다. 루이 16세를 처형한 지 1년 만에 1만 7,000명을 단두대에서 처형하고 지방 곳곳에서 반혁명파 3만 명 이상을 처형했습니다. 지방의 '반혁명파 박멸' 과정은 단두대보다 더 끔찍해서 사람들을 수백 명씩 구덩이에 몰아넣고는 대포알 세례를 퍼부었다고 합니다. 도저히 믿어지지 않는 숫자지만, 반정부 운동의 중심이었던 방데가 일시적으로 진압되었을 때에는 한꺼번에 25만 명이 학살되었다고 합니다.

로베스피에르는 역사에서나 지금 대한민국에서나 좌파들이 그러하듯이 경제와 민생에는 '무능의 표본'이었습니다. 기껏 한다는 게 식량 부족과 치안 부재, 약탈 등에 대해 절도범과 살인자에 대한 무조건 처형과 현장 사살로 대응할 정도였습니다. '시장경제의 가격 조절 기능'에 무지해서 '반값 우유'라는 희대의 블랙 코미디를 만들었습니다. 민주당이 내세우던 '반값 등록금, 반값 아파트' 등의 엉터리 구호가 이처럼 역사가 오래됐습니다.

로베스피에르의 실정은 다음처럼 진행됐습니다.

'프랑스혁명기에 생필품 가격이 오르자 로베스피에르는 대중의 인기를 끌기 위해 "우윳값을 절반으로 낮춰라!"는 명령을 내리고 이를 지키지 않으면 단두대로 보내겠다고 엄포를 놓았습니다. 정부가 우윳값을 원가 이하로 동결해 버리자, 농민들은 젖소 사육을 포기하기 시작했고 당연히 우유 공급량이 줄어 암시장에서 우유 가격은 더욱 뛰었습니다. 로베스피에르가 우유 공급이 줄어든 이유를 묻자 농민들은 건초값이 비싸 수지를 못 맞춘다고 변명했고, 로베스피에르는 이번에는 건초값을 내리라고 명령했습니다. 그러자 건초 재배 농민들은 건초생산을 중단하거나 줄이고, 토지를 다른 용도로 전환해 건초값이 폭등했습니다. 결국 건초공급과 젖소 공급이 줄면서 반값으로 내린 우윳값은 예전 가격의 10배로 폭등했고, 이젠 우유를 갓난아이에게도 먹일 수 없게 되었습니다. 이런 식으로 대중의 인기를 상실한 그는 반대파들에 의해 단두대로 끌려가게 된 것입니다.'

장 자크 루소의 계몽사상 숭배자인 로베스피에르 자신은 검소하고 청빈하게 독신으로 살며 오로지 혁명에만 헌신했다고 합니다. 그렇지만 대중의 순간적인 인기에만 귀를 기울여 민생을 파탄 내고, 사람 목숨을 파리 목숨처럼 여겼던 사람입니다. 사람 목숨을 그처럼 가볍게 여긴 로베스피에르의 후계자들이 바로 사회주의 국가에 유독 많았습니다. 소련의 스탈린피의 숙청, 중국의 마오쩌둥대약진운동과 문화혁명, 캄보디아의 폴 포트킬링필드, 그리고 북한의 김일성-김정일-김정은 세습 왕조 등이 바로 로베스피에르의 후예라고 할 수 있습니다. 신영복은 이런 로베스피에르를 '프랑스혁명의 양심'이라고 부릅니다.

로베스피에르 등 프랑스혁명의 처참하고 악한 측면, 즉 진짜 민낯을 본 사람이 영국 '보수주의의 아버지'라고 일컬어지는 에드먼드 버크입니다. 그는 『프랑스혁명에 관한 성찰』을 출간했는데, 출간 시기는 프랑스혁명이 한창 진행 중인 1790년 11월입니다. 버크는 프랑스혁명 초기 1년의 사태만으로도 프랑스혁명 원리의 파괴적 측면을 꿰뚫어 봤습니다. 그는 기존 제도의 과격한 파괴는 개선된 새로운 질서로 이어지기는커녕 무정부 상태를 초래할 뿐이며, 결국 군사적 독재자의 출현을 보게 될 것이라고 예언했습니다. 그의 예언은 로베스피에르의 몰락과 나폴레옹의 등장으로 현실이 되었습니다.

에드먼드 버크는 자기 생각을 이렇게 말했는데, 보수주의의 핵심을 드러내는 부분입니다.

"기존 제도들에 대한 자신들의 적대감을 하나의 철학과 하나의 종교로 만들었던 일부 인사가 하듯이 기존 제도와 반목하는 대신에 우리는 그 제도들에 열성적으로 집착한다. 우리는 현재의 국교회, 현재의 왕정, 현재의 귀족제도, 그리고 현재의 민주제도를 각각 더도 아니고 현재 존재하는 정도 그대로 유지하기로 결심한 상태다."

에드먼드 버크는 그렇다고 과거에만 집착하는 꽉 막힌 사람이 아니었습니다. 그는 보수주의의 이념이 제대로 자리 잡으려면 오히려 개혁이 필요하다고 보았습니다. '보존과 교정'이라는 두 원리가 양 날개처럼 함께 작동해야 한다는 것입니다.

"변화할 수단을 갖지 않은 국가는 보존을 위한 수단도 없는 법이다. 국가가 변화할 수단을 갖지 않는다면 독실한 마음으로 보존하려 했던 헌정의 부분을 상실하는 위험에조차 빠질 수 있다."

이 말은 보수주의를 대표하는 문장으로 평가받습니다. 그 덕분에 버크는 '보수주의의 아버지'라는 평가를 받습니다. 좌파 인사들은 우파 보수를 공격할 때 일부러 수구라는 말을 주로 사용합니다. 고리타분하고 케케묵었다는 인상을 주기 위해서입니다. 그렇지만 보수는 수구와 전혀 다릅니다. 보수의 가치에는 전통과 관습의 존중, 현재의 안녕과 평화, 그리고 미래를 만들어가는 개혁과 비전이 모두 들어 있습니다.

진짜 수구는 구한말 쇄국을 주장하고 개화를 거부하던 위정척사파, 그리고 21세기에도 여전히 대재앙으로 끝난 사회주의 이념에 경도된 운동권 등 좌파 인사들이라고 할 수 있습니다. 대한민국 좌파가 위정척사파의 이념적 후예라는 것은 바로 '수구적 성향'에 기반하고 있습니다.

대한민국 국민은 어떤 세상에 살아야 할까요? 로베스피에르 같은 '가짜 양심'이 득세하고 수구적인 좌파 인사들이 지배하는 세상에 살아야 할까요, 아니면 에드먼드 버크가 생각한 '변화를 위해 노력하는 민주주의 세상'에서 살아야 할까요?

28

왜곡의 언어, 편파적 언어, 몽상적 언어

신영복은 『담론』의 마지막 장 제목을 '희망의 언어 석과불식'으로 잡
았습니다. 언뜻 보면 그의 글은 희망과 미래를 얘기하는 것 같습니다.
그렇지만 그의 글을 자세히 뜯어 보고 그의 좌파 이념을 대입해 생각
하면 한마디로 '묘한 한자어를 사용하며 과거를 중시하는 꼰대의 언
어, 사실에 입각하지 않는 왜곡과 거짓의 언어, 좌파 사회주의에 편파
적인 언어, 현실에 무지한 몽상적 언어'임을 알 수 있습니다.
사회주의 소련을 만든 레닌은 '거짓말의 달인'이었습니다. 레닌은
"목적은 수단을 정당화한다. 혁명을 위해서는 거짓말해도 괜찮다.",
"거짓말은 혁명을 위한 가장 강력한 수단이며, 거짓말을 백번 하면
참말이 된다.", "거짓말을 창조하지 못한 자는 위대한 혁명가가 될 수
없다.", "거짓말은 클수록 좋다.", "공산혁명이 성공할 때까지 민주화
란 단어를 포기해서는 안 된다."라는 어록을 남겼습니다.
마르크스의 『자본론』을 사상의 기초로 삼은 신영복에게서는 '거짓말
의 달인, 레닌의 냄새'가 솔솔 풍깁니다. 신영복은 『담론』에서 이렇게
말합니다.

"석과불식碩果不食은 "씨 과실을 먹지 않는다"는 뜻입니다. …씨 과실은

새봄의 새싹으로 돋아나고, 다시 자라서 나무가 되고, 이윽고 숲이 되는 장구한 세월을 보여줍니다. 한 알의 외로운 석과가 산야를 덮는 거대한 숲으로 나아가는 그림은 생각만 해도 가슴 벅찹니다. 역경을 희망으로 바꾸어 내는 지혜이며 교훈입니다. 이제 이 교훈이 우리에게 지시하는 소임을 하나씩 짚어보기로 하겠습니다.

첫 번째로는 엽락葉落입니다. 그림에서 보듯이 잎사귀를 떨어뜨려야 합니다. 잎사귀는 한마디로 환상과 거품입니다. 엽락이란 바로 환상과 거품을 청산하는 것입니다. 『논어』의 불혹不惑과 같은 뜻입니다. 우리는 『논어』의 사십불혹四十不惑을 나이 마흔이 되면 의혹이 없어진다는 뜻으로 읽습니다. 올바른 독법이 못 됩니다. 나이 마흔에 모든 의혹이 다 없어질 만큼 현명한 사람은 없습니다. 이 경우 혹惑은 의혹疑惑이 아니라 미혹迷惑이고 환상幻想입니다. 가망 없는 환상을 더 이상 갖지 않는 것이 불혹입니다. 그것이 바로 거품을 청산하는 단호함입니다. 한 개인의 삶도 그렇거든 한 사회의 경우는 더욱 그러합니다. 어려움에 직면할수록 냉정하게 현실을 직시하고 환상과 거품을 청산하는 일부터 시작해야 합니다.”

신영복은 “환상과 거품을 청산해야 한다.”라고 했습니다. 그가 말하는 환상은 아마 자본주의가 이룩한 도시의 발전, 거품은 물질적 번영에 따른 정신의 피폐 등이 아닐까 여겨집니다. 『담론』에서 줄곧 자본주의를 공격하는 게 그의 민낯이었습니다. 이러한 신영복의 주장을 다시 한번 들여다보면 그는 ‘마르크스의 『자본론』에 따른 좌파 사회주의의 이념과 이상, 고대 중국의 고루한 사상'에서 거의 벗어나지 못하는 삶을 살았습니다. 감옥에서 20년, 그리고 강연으로 20년 이상을 보내면서 인생 자체가 '환상과 거품'이었음을 알 수 있습니다. 진짜 엽락을 해야 할 사람은 자신이었던 것 같습니다.

신영복은 이어서 다음처럼 말합니다.

"다음이 체로體露입니다. 엽락 후의 나무는 나목입니다. 잎사귀가 가려져 있던 뼈대가 훤히 드러납니다. 『운문록』의 체로금풍體露金風입니다. 칼바람에 뼈대가 드러납니다. 나무를 지탱하는 구조가 드러납니다. 우리가 해야 하는 일이 바로 구조와 뼈대를 직시하는 일입니다. 환상과 거품으로 가려져 있던 우리의 삶과 우리 사회의 근본적 구조를 직시하는 일입니다. 뼈대는 크게 세 가지입니다. 첫째 정치적 자주성입니다. 둘째 경제적 자립성입니다. 셋째 문화적 자부심입니다. 개인이든 사회 든 국가든 뼈대를 튼튼하게 해야 합니다. 뼈대란 우리를 서 있게 하는 것입니다."

신영복이 말한 '정치적 자주성, 경제적 자립성, 문화적 자부심'은 그 자체로는 흠이 없습니다. 그러나 속내는 전혀 그렇지 않습니다.

첫째, 좌파의 '정치적 자주성'은 반미 실현, 그리고 사회주의에 기초한 남북통일을 의미한다고 봐야 합니다. 대한민국 좌파 지식인의 대부로 알려진 리영희와 신영복 등의 사고방식이 그렇습니다.

리영희는 '대재난'이던 중국의 문화혁명을 '인류의 위대한 실험'인양

추켜세웠고, 문화혁명 속의 중국을 '배우며 일하고, 일하며 배우는 나라'로 미화했습니다. 북한을 일컬어 '친일파를 깡그리 청소한 이상적인 사회'로 치켜세우고, 대한민국의 역사는 '친일 세력에 의한 오욕의 역사'로 깎아내렸습니다. 한민족을 죽음의 도가니로 몰아넣을 수 있는 북한의 핵개발은 '핵에너지의 평화적 이용을 위한 것'으로 두둔했습니다. 리영희, 그리고 신영복 등의 영향으로 이 땅에 진보좌파, 나아가 친북좌파가 독버섯처럼 자라났습니다. 동유럽의 사회주의가 무너지고, 마오쩌둥의 과오가 인정되면서 리영희는 '대표적인 허위지식인'으로 판명됐습니다.

허위지식인 리영희는 "새는 좌우의 날개로 난다."라고 주장했습니다. "진보의 날개로는 안정이 없고, 보수의 날개로는 앞으로 나아갈 수 없다."라며 "좌와 우, 진보와 보수의 균형 잡힌 인식으로만 안정과 발전이 가능하다."라는 좌우균형론을 그럴듯하게 펼치면서 진보 좌파 이념이 전혀 해롭지 않은 것처럼 포장했습니다.

그렇지만 '좌우 날개' 주장은 근본적으로 잘못됐습니다. 새가 좌우 날개로 날려면 지향하는 목표가 같아야 합니다. 좌우 두 세력이 모두 대한민국의 정체성인 '정치적 자유민주주의와 경제적 자유시장주의'에다 같이 동의해야 합니다. 그렇지만 정치적으로 우파는 자유민주주의인데 좌파는 사회주의이고, 경제에서는 우파가 시장경제인데 좌파는 반反시장 통제경제입니다.

우리나라 좌우는 기능이 다르고 지향점이 다릅니다. 우파가 가고자 하는 방향은 시장경제인데 반해, 좌파가 지향하는 목표는 반反시장경제입니다. 지향점이 다른 좌우익은 기본 명제 상 양립할 수 없습니다. 지금 대한민국이 앞으로 쭉쭉 나아가지 못하고 있는 것은 미래로 나아가려는 '자유민주주의와 자유시장경제의 날개'가 좌파의 날개에 의해 뒷덜미가 잡혀있기 때문입니다. 신영복의 '정치적 자주성'이라는 주장에는 이러한 음험한 속내가 숨겨져 있다고 읽어야 제대로 된 독법讀法입니다. 조국 전 법무장관은 과거 '나는 민주주의자 겸 사회주의자'라는 양립 불가능한 거짓 주장을 한 적이 있는데, '좌우 날개로 난다'가 바로 그와 비슷합니다. 다시 한번 '뜨거운 아이스커피'라는 묘한 말이 생각납니다.

둘째, 신영복이 말한 '경제적 자립성'은 과거 운동권이 얘기한 '자급자족 경제'와 연결되는 것 같습니다. 1980년대에 운동권은 '양키 고 홈Yankee Go home, 양키는 물러가라!'고 외쳤습니다. 당시 그들이 보기에 대한민국은 정경유착의 나라, 매판자본과 재벌이 판치는 나라, 미국에 종속된 나라였습니다. '미국, 재벌, 그리고 정치권'은 타도 대상이었습니다. 타도 대상이 물러난 대한민국을 '우리끼리 사는 땅, 철저한 자립의 땅'으로 만들어야 한다고 했습니다. 운동권의 주장은 그 당시 북한의 속내, 즉 한반도에서 미군 철수를 이뤄 적화통일을 하려는 북한의 전술과 같은 것이었습니다.

1980년대 당시 운동권은 대한민국의 모델로 '버마식 자립경제'를 얘기하기도 했습니다. 버마현 미얀마가 군부의 집권 하에 글로벌 흐름과 격리된 경제체제를 가질 수밖에 없었는데, 그걸 본받으려고 한 것입니다. 지금 생각하면 '북한식 통제경제'를 지향했는데 직접 표현하기가 어려우니 '버마식 모델'을 얘기한 것 같습니다.

그렇지만 '경제적 자립성'은 신영복이나 좌파 운동권의 생각처럼 '외세배격'을 통해 이뤄지지 않습니다. 그보다는 '세계적인 경쟁력'을 갖춰야 진정한 자립이 이뤄집니다. 조그마한 섬 대만이 큰소리치는 것, 대한민국이 세계 경제에서 중요한 위치를 차지하는 이유가 바로 세계 최고의 반도체입니다. 반도체 때문에 글로벌 차원에서 큰소리를 칠 수 있습니다.

'자립경제'를 외치는 북한, 미얀마, 쿠바, 베네수엘라 등이 국제 사회에서 경시되는 것은 세계적인 경쟁력을 갖춘 산업이 없어서입니다. '경제적 자립성'은 신영복이나 운동권의 주장처럼 입에서 나오는 게 아니라, 자유민주주의와 자유시장경제를 확고히 실천한 결과로 나타나는 '경제발전에 따른 경쟁력 확보'에서 나옵니다.

셋째, 신영복은 문화적 자부심을 얘기하는 데 그건 '우리 것은 좋은 것이야'라는 폐쇄적 사고의 연장으로 보입니다. 지금 대한민국은 K-팝, K-무비, K-푸드 등으로 대표되는 'K-컬쳐'로 세계적인 문화강국으로 자리매김하고 있습니다. 세계 각국의 문화를 주체적으로 수용하고, 한국 문화와 접목했기 때문입니다. 위정척사 운동의 후예들인 신영복이나 좌파 운동권처럼 외국 문화의 배척만 일삼았다면 '진정한 문화적 자부심'은 가질 수 없었을 겁니다.

신영복은 계속해서 말합니다.

"마지막으로 분본糞本입니다. 분糞은 거름입니다. 분본이란 뿌리를 거름하는 것입니다. 그림이 보여줍니다. 낙엽이 뿌리를 따뜻하게 덮고 있습니다. 이 경우 중요한 것은 뿌리가 곧 사람이라는 사실입니다. 가장 중요한 것이 사람입니다. 사람은 그 자체가 최고의 가치입니다."

신영복을 이러한 표현에서 '내가 가장 존경하는 사상가는 신영복'이라는 문재인 전 대통령의 책 『사람이 먼저다』가 떠오릅니다. 그들은 사람을 강조하는 데 그 속내는 철저하게 '내 사람이 먼저다'였습니다. 인사부터 시작해서 심지어 국가적인 어젠다 설정까지 모두 '내 사람이 먼저다'를 실천한 게 신영복을 존경한다는 문재인 전 대통령과 민주당 사람들이었습니다. 신영복의 '사람' 강조는 이렇게 우리 사회에 악영향을 끼쳤습니다.
신영복은 이렇게 주장합니다.

"사상 투쟁은 모든 개혁의 시작이고 끝입니다. 그리고 더욱 중요한 것은 그것을 실천적으로 담보해 낼 수 있는 주체를 발견하는 일입니다."

신영복의 말에서 그가 '양의 탈을 쓴 붉은 사상범'임을 알 수 있습니다. 그렇습니다. 신영복은 대한민국에 참으로 나쁜 씨앗, 대한민국의 기초를 갉아먹는 부패한 종자를 뿌린 인물입니다. 오늘날 갈등과 분열이 난무하는 대한민국, 21세기에 여전히 이념 싸움이 벌어지는 대한민국을 만든 역사의 죄인이라는 사실을 우리는 알아야 하겠습니다.

다행히 운동권과 전교조의 영향에서 벗어난 젊은 세대는 자유민주주의와 시장경제에 대한 믿음이 확고해진 듯합니다. 2030세대는 문재인 정권을 겪고 난 후 이러한 생각을 더욱 굳힌 것으로 보이는 데 다음은 한 언론 기사에 나온 2030세대의 목소리입니다.

"문재인 정부가 되니 안보의 경계를 낮추고 소득주도성장 정책으로 경제를 폭망하게 했다."
"고등학교 때인데 유독 그때부터 세대·연령·지역 등 '국민 갈라치기' 식의 여론을 유도해 분열을 조장했고 심했다. 이것이 간첩이 들어올 틈새를 만들고 있었다. '부의 재분배' 역시 말 뿐이었고 부동산 가격만 폭등했다."
"이재명 대표는 진짜 아닌 거 같다. 민주당의 전 국민 25만 원 지원 정책도 일한 만큼 정당하게 받는 게 자유 시장인데 표심만 바라보고 빚은 청년층에 떠넘기고 있다."
"이재명 대표가 대통령이 되면 베네수엘라 같은 포퓰리즘 국가로 전락할 게 뻔하다."
"생각이 다르면 또 다른 목소리도 낼 수 있는 게 민주주의다. 그런데 지금은 민주당에 반대하면 다 극우로 몰아붙인다. 이런 것이 민주주의냐? 생각이 다른 사람들과 섞여서 같이 살아가는 것이 세상이다. 민주주의를 말하기 전에 그것을 먼저 인정하기를 바란다."

젊은이들의 건강한 목소리에서 대한민국의 희망을 봅니다.

〈부록〉

1. '쓸모 있는 바보' 리영희의 진실들

리영희가 쓴 『전환시대의 논리』 발간 50주년 기념토론회가 2024년 10월 16일 서울 창비서교빌딩 50주년홀에서 창비·리영희재단·한겨레 공동주최로 열렸습니다. 대한민국 좌파의 대표 지식인이라는 백낙청 서울대 명예교수는 이날 인사말에서 "『전환시대의 논리』가 굉장한 베스트셀러가 됐습니다. 그리고 나중에 다 알려진 얘기지만 특히 학생들 간에, 뜻있는 학생들이 전부 그 책을 읽고 그야말로 눈이 번쩍 뜨이는 경험을 했지요."라고 말했습니다. 백낙청은 '눈이 번쩍 뜨이는 개안의 경험'이라고 평했는데, 사실 『전환시대의 논리』는 대한민국 지식인들의 사고와 당시 한창 배움에 열중하던 젊은이의 생각을 오염시킨 개악改惡의 책이라고 봐야 옳지 않을까 싶습니다. 다음은 신영복에 앞서 1970~80년대에 좌파적 사고를 널리 유포한 리영희에 대한 진실들입니다.

대한민국에서 아직도 ㊟리영희 전 한양대 교수를 숭앙하는 사람들이 참 많습니다. 좌파 운동권은 물론 일반 국민 상당수도 우호적인 시각을 보이기도 합니다. 그를 '시대의 지식인, 실천하는 지성'으로 부르기도 하며, 평생 사회정의, 민주주의, 분단과 민족의 삶을 고민했다고 평가합니다. 군인육군 소령 예편과 언론인조선일보 외신부장을 지낸 경력 덕분에 그의 사상을 의심하지 않는 사람들도 있습니다.

그는 박정희 정권 시절에 반공법으로 투옥되는 등 한국 민주주의 발전에 기여했다는 얘기도 듣습니다. 하지만 각종 글을 통해 친親중국과 친親북한을 표방하고 실천으로 옮긴 '극렬한 마오주의자문화대혁명의 나쁜 점은 하나도 지적하지 않고 오히려 찬양한 사실은 명백하며 절대 변하지 않는다'이자 친북 사상가였습니다. 그가 남긴 정신 유산, 특히 '반反대한민국 행보와 유산'은 후배 세대에 악영향을 끼침으로써 오늘날에도 대한민국의 발전과 미래에 걸림돌이자 장애물로 작용하고 있습니다.

리영희는 자신의 삶에 대해 이렇게 표현했습니다.

"나의 글을 쓰는 유일한 목적은 진실을 추구하는 오직 그것에서 시작되고 그것에서 그친다. 진실은 한 사람의 소유물일 수 없고 이웃과 나눠져야 할 생명인 까닭에 그것을 알리기 위해서는 글을 써야 했다. 그것은 우상에 도전하는 이성의 행위이다. 그것은 언제나, 어디서나 고통을 무릅써야 했다. 지금까지도 그렇고 영원히 그러리라고 생각한다. 그러나 그 괴로움 없이 인간의 해방과 발전, 사회의 진보는 있을 수 없다." 「우상과 이성」

리영희는 이런 말도 했습니다.

"인간은 누구나, 더욱이 진정한 지식인은 본질적으로 자유인인 까닭에 자기의 삶을 스스로 선택하고 그 결정에 대해서 책임이 있을 뿐 아니라 자신이 존재하는 사회에 대해서도 책임이 있다."「대화」

그의 말에 속은 한 좌파 인사의 리영희의 죽음에 대한 글을 보겠습니다.

"우상이 미친 듯 날뛰며 세상을 지배하던 때, 얼음보다 차가운 이성의 칼로 그를 단호히 참新했던 분…이제 남은 짐은 산 자들에게 남기시고 편히 영면하시옵기를. …삼가 선생의 영전 앞에서 명복을 빕니다."

'얼음보다 차가운 이성의 칼'이라는 대목에서는 실소가 나옵니다. 그는 사회주의 나라의 실재實在와 실체實體를 본 게 아니라 선전 문구만보고 판단한 편협한 지식인이었기 때문입니다.
리영희는 『8억 인과의 대화』 서문에 "수집할 수 있는 수백 권·편의 책 속에서 판단력과 양식이 미치는 한도 내에서 가장 공정하고 편견에 사로잡히지 않은 글을 엄선하여 읽는 이에게 제공하고자 한 번역자의 충정임을 알아주면 그 이상의 기쁨이 없겠다."라고 썼습니다. 그렇지만 내용 이곳저곳에서 중국의 선전·선동에 맞장구치는 모습이 보입니다. 『8억 인과의 대화』에 나온 몇 가지 내용을 보겠습니다.

"중국은 지금도 가난하고 몸부림치고 있는 나라이기는 하지만 부유한 미국과는 달리 빈곤이 없는 가난한 나라이다. 이것은 하나의 우연한 사건이거나 중국사회의 한 고립된 측면이 아니다. 오히려 중국 정부가 모든 시민에게 인간 생활의 최소한의 품위 있는 수준을 보장하고자 한 종합적 국가적 정책의 결과인 것이다. …동구 공산국가들이나 소련과 비교할 때 중국의 경제는 훨씬 낮은 생활수준이다. 하지만 내가 몇 해 전에 방문했던 소련이나 폴란드보다 중국 경제는 잘 돌아가고 있다는 종합적 인상이다. 중국에서 보고 듣는 모든 것이 제대로 이가 맞아 돌아가고 있다는 인상을 준다. …문화혁명은 하나의 정치 혁명이었다. 그것은 보다 깊은 민주주의를 뜻한다. 빈농이나 중하층 농민이 그 전보다 훨씬 넓은 민주주의를 향유하고 있는데, 크고 작은 결정 사항은 공개적 토론에서 결정되고, 대중적 의결사항은 그 지역 사회 경제정책과 전체의 이익에 부합되는 제반 개혁을 처리한다. …자기 나라를 건설 발전시키기 위해서 중노동을 마다하지 않은 중국인들의 자기희생과 헌신은 진정 감탄할만하다. 그것은 미국의 물질적 풍요가 일하려는 의욕과 육체노동에 대한 긍지를 그토록 좀먹어버린 미국인의 태도와 대조할 때 더욱 그러하다."

리영희는 여러 사람의 글을 모아 책을 펴냈는데 대부분 중국 사회주의가 잘 운영되고 있다는 진단이었습니다. 그러면서 마오쩌둥에 대한 찬양의 글도 자세히 소개했습니다.

"현재의 마오쩌둥은 해방자로서의 레닌의 역할과 건설자로서의 스탈린의 역할의 양쪽을 그 한 몸에 체현하고 있다고 할 수 있다. 이 영웅숭배의 틀 안에 중국의 민중은 스스로 끼어들어 기꺼이 마오쩌둥의 열렬한 숭배자가 되려 하고 있다. 역사상 이런 규모로 민중의 숭배를 얻어낸 인물은 없다. …중국 대중 속에서 마오의 상像은 사형집행자의 상은 아니다. 마오를 그토록 확고부동하게 만든 요인은 그가 단순히 당의 보스라서가 아니다. 중국인들에게는 아주 진정한 의미에서 '교사 정치가 전략가 철학자 계관시인 국민적 영웅으로, 그리고 역사상 가장 위대한 해방자'이기 때문이다. 중국인에게 있어 그는 '공자+노자+루소+마르크스+석가'인 것이다."

백낙청 서울대 명예교수도 2024년 10월 16일 서울 창비서교빌딩 50주년홀에서 창비·리영희재단·한겨레 공동주최로 열린 『전환시대의 논리』 발간 50주년 기념토론회 인사말에서 이러한 리영희의 지적 한계를 인정했습니다.

"그런데 이 『8억 인과의 대화』에서 말하자면 리영희 선생이 그 당시에 중국 당국에서 발표하는 또는 중국에서 초청한 사람들이 중국 당국에서 보여주는 걸 주로 보고 와서 쓴 글들을 모아서 번역하셨기 때문에 문화대혁명을 지나치게 미화했다는 비판을 그 후에 많이 받으셨고 리영희 선생 스스로 그때 자기는 참 충분히 전체를 볼 만한 정보도 없었고 철학적·역사적 식견도 부족했다고 공개적인 발언을 하고 반성을 하셨어요. 지금 『전환시대의 논리』 50주년을 맞아서 『전환시대의 논리』 발간 당시의 생각도 많이 나지만, 저는 또 『8억 인과의 대화』 때문에 선생님과 함께 재판을 받고 그랬던 기억이 있어서 『8억 인과의 대화』에 대해서도 생각을 많이 하게 됩니다."

소련을 세운 블라디미르 레닌은 자본주의 사회를 향유하고 있으면서도 내심으로는 공산주의를 동경하고 응원하는 자유주의 지식인들을 비웃기 위해 '쓸모있는 바보들Useful Idiots'이라고 표현했습니다. 이들 쓸모있는 바보들은 자신이 속해 있는 체제의 편안함과 달콤함을 흠뻑 즐깁니다. 그러면서도 그 체제를 비판하고, 그 체제를 부정하고, 그 체제에 저항하여야만 마치 똑똑한 사람이고, 진보적 지식인이고, 뭔가 뛰어난 인물인 것 같은 자가당착 속에서 폼을 잡고 목에 핏대를 세우며 소리를 지르는 사람들입니다.

특히 좌파 이데올로기에 함몰되어있는 사람들은 스스로 대단히 도덕적·윤리적 진보주의자인 것처럼 떠듭니다. 하지만 그들 자신의 이익과 손실 부분에 있어서는 도덕적인 소리와는 달리 그들이 비난하는 자본가들보다 더욱 탐욕스럽고 교활한 모습을 보입니다. 대한민국에서 조국, 장하성, 이인영, 김수현 등 문재인 정부 구성원들의 행태를 보면 쉽게 알 수 있습니다.

전형적인 '쓸모있는 바보'였던 리영희는 사실과 선전 선동을 구분하지 못하고, 평생 자신이 속한 사회인 대한민국을 비판을 넘어 저주했던 사람입니다. 그러면서도 자신이 그토록 사랑한 북한이나 중국으로 넘어가 살지 않았습니다. 마치 오늘날 좌파 사회주의를 이념을 좇던 운동권과 그 후예들과 비슷한 행보를 보였습니다.

그렇다면 리영희가 동경한 사회주의 국가의 실체는 어떠했을까요? 그는 사회주의의 실체를 몰라도 너무나 몰랐습니다. 신영복도 마찬가지로 사회주의를 너무 몰랐고, 사회주의와 주체사상에 경도된 운동권 인사들도 사회주의의 진정한 의미에 무지했습니다.

지금도 적지 않은 사람들이 사회주의공산주의는 평등사회를 추구하는 좋은 의도를 가졌지만, 실행 과정에서 문제가 나타나 실패했다고 생각합니다. 사회주의 요소를 도입하는 게 진보라고 여기는 사람도 많습니다. 그렇지만 사회주의는 시작부터 모순덩어리였으며, 정치 사기꾼과 협잡꾼들의 권력을 잡기 위한 사기극이었습니다. 자세히 분석해보겠습니다.

첫째, 20세기에 사회주의가 전 세계에 급속도로 확산한 것은 '계급 없는 평등한 사회를 만들어 평등 분배를 해준다'라는 슬로건 덕분이었습니다. 여기서 평등 분배가 진심이라고 해도 평등 분배는 결국 '분배를 결정하는 계급과 분배받는 계급'으로 나뉠 수밖에 없습니다. 그들의 이론에 이미 철저한 계급사회로 갈 수밖에 없었음을 밝힌 것이고, 실제로 사회주의 국가는 분배권을 갖는 상위 지배계급공산당이 모든 것을 차지하는 계급사회가 되었습니다. 조지 오웰의 『동물농장』에 나오는 "모든 동물은 평등하다. 하지만 어떤 동물은 다른 동물보다 더 평등하다"라는 표현이 바로 사회주의공산주의 사회였습니다.

둘째, 이러한 계급사회에서 살아남으려면 충성하지 않을 수 없습니다. 지배 계급이 배급권을 가짐으로써 온 인민을 노예로 만드는 것입니다. 구 소련의 정치인이자 혁명가인 레프 트로츠키는 대중이 철저하게 국가의 개가 될 것을 주문했고 "복종하지 않는 자는 먹지도 말라"는 말을 남겼습니다.

셋째, 사회주의는 평등 분배를 한다지만, 세상에는 분배할 수 없는 게 너무나 많습니다. 지식과 정보, 기술, 이권, 권력은 평등하게 쪼갤 수 없습니다. 특히 권력과 이권은 독점하는 계급이 생기는데, 사회주의 국가의 공산당이 바로 모든 지식, 정보, 기술, 이권, 권력을 독점함으로써 인민에 대해 생사여탈권을 갖게 되었습니다. 독재사회의 필연적인 출현입니다.

넷째, 경제의 문제는 '희소성의 문제'입니다. 한정된 자원의 효율적 분배가 핵심인데, 사회주의 국가에서 부족한 자원은 어떻게 분배될까요? 고급 승용차와 비싼 의상, 휴가용 별장 등 수량이 한정된 물자는 지배층에만 돌아가게 됩니다. 지배 계급인 공산당이 좋은 건 모두 독차지하는 현상이 나타나고, 실제로 모든 사회주의 국가에서 그런 일이 벌어졌습니다.

다섯째, 권력의 무제한성입니다. 공산 독재의 사회에는 독재자가 잘못을 저지르거나 딴생각을 품더라도 통제할 방법이 없습니다. 그런 까닭에 소련, 중국, 북한, 쿠바 등의 독재자는 죽을 때까지 권력을 놓지 않았습니다. 민주주의 사회의 원리인 '견제와 균형의 원칙'이 전혀 없는 사회가 됩니다.

사망할 때까지 이러한 사회주의 본질을 잘 몰랐던 리영희는 조선총독부 농림국의 문관으로서 평안북도의 영림서에서 삼림 주사로서 근무하는 리근국의 아들로 태어났습니다. 그는 2005년 3월에 발간된 『대화』라는 책에서 소년 시절 사회주의 사상에 경도되어 있던 외삼촌 최모인을 존경했다고 밝혔습니다. 그다음에, 거부였던 외조부 밑에서 머슴살이를 하다가 사라진 뒤 독립군의 일원이 되어 세 번에 걸쳐 외조부의 재산을 털고 끝내 외조부를 총으로 죽인 머슴 문학빈그 후 일본군에 협조한 것으로 밝혀짐을 동경하며 성장했다고 말합니다. 어릴 적부터 사회주의에 매우 우호적이었던 것입니다.월간조선 2005년 9월호, 이동호, [한 386의 고백] 나의 사상적 스승 리영희를 비판한다.

리영희는 마오쩌둥의 공산혁명과 문화혁명을 동경하고 미화했습니다. 그러면서 죽을 때까지 자유민주주의에 대한 조롱, 철저한 반미 사고, 대한민국에 대한 자학적 역사 인식을 보여줬습니다.

리영희는 "문화대혁명은 자본주의 조건에서 만들어진 인간을 개조하여 사회주의적 인간을 만드는 것과 계급 분화의 제 조건을 근본적으로 제거함으로써 평등한 인간 사회를 보장 발전시키는 사회 구조를 창조하자는 두 가지의 목적을 지닌 운동이라고 본다"고 썼습니다. 리영희가 한양대 교수로 재직 중이던 시절 저술한 평론을 모아 편집해 발간한 책 『전환시대의 논리』는 당시 많은 젊은이에게 중요한 책으로 간주되었는 데, 문재인 전 대통령이 가장 좋아한 책으로 꼽기도 했습니다.

그는 스스로 마오쩌둥의 광기가 만들어 낸 문화대혁명의 선전 도구가 되었습니다. 친중으로 일관한 문재인 정부와 좌파 운동권의 '사상의 대부'다웠습니다.

"레닌은 최초의 사회주의 혁명을 하였으나 공업화는 못 했다. 스탈린은 공업화는 했으나 인간 혁명은 못했다. 마오쩌둥은 공업화와 인간 혁명을 동시에 하고 있다. 마오쩌둥은 스탈린을 뛰어넘은 위대한 사회주의 사상으로서 인간의 평등사회에 대한 꿈을 실현하는 올바른 노선에 있다." 『전환시대의 논리』

"문화대혁명이라는 급격하고 웅장한 변화가 이루어지고 있으며 이러한 사실은 미국 기자들만 모를 뿐 전 세계에 널리 알려진 지 오래다." 『전환시대의 논리』

리영희는 『우상과 이성1977년』에서 문화혁명의 폭력이던 하방下放에 대해서도 '인간 우선주의의 실천'이라고 높이 평가했습니다. 하방이란 지식인이나 학생들을 지방으로 내려보내 노동을 시키는 운동을 말합니다.

"이러한 문화혁명의 과정이 무시무시한 내부 숙청이 아니라 이론 정립과 토론, 자기비판, 설득 등 매우 인간적인 방법으로 진행되었다. 가장 극심한 비판을 받았던 류사오치도 북경 교외에서 현재 재교육을 받고 있는 것으로 확인되었다."

리영희는 베를린 장벽이 무너진 이후인 90년대가 되어서 이것과 관련된 질문을 다시 받았을 때 문화대혁명 기간 중 홍위병에 의한 구습 타파 이후 무슨 일이 벌어졌는지 몰랐기 때문이라고 답하였습니다. 이게 '평생 진실만을 추구했다'는 리영희의 구차한 변명인데, 무슨 이유에서 '시대의 지식인'이라고 불리는지 도저히 이해하기 어렵습니다.

리영희는 친중에 집착하다 보니 동학혁명마저 깎아내렸습니다.

동학은 수운 최제우가 유불선儒佛仙의 사상을 섭렵하면서 민족 고유의 독창적인 신앙으로 체계화한 것인데, 리영희는 태평천국의 사상이 동학의 지도이념으로 개화했다고 우겼습니다.

태평천국의 혁명을 우상화하기 위해 리영희는 동학농민전쟁의 사상적 원천이 중국에 있다고 한 것입니다.

"태평천국 농민전쟁은 중국공산당의 사상으로 전수되기 이전에 이미 조선으로 그 사상이 전달되어, 평등사회를 목표로 하는 동학농민전쟁의 지도이념으로 개화했지요."

리영희는 마오쩌둥의 숭배로 일관했습니다. 민주주의란 '개인숭배의 철저한 금지'인데, 리영희의 이러한 행태를 보면 머릿속에는 반反민주주의로 가득 차 있음을 보여줍니다. 마치 국내 좌파 인사들의 김일성 3대 독재 찬양을 보는 것 같습니다.

"개인숭배를 중국의 고유한 역사적 경험과 문화적 전통이라는 관점에서 보아야 한다. 외부의 시각으로 중국 인민들의 마오쩌둥에 대한 개인숭배를 재단해서는 안 된다. 중국처럼 장구한 세월 동안 정치적 억압과 빈곤과 비참의 역사를 살아온 중국 민중에게는 그 생물학적 인간적 존재의 기본 조건을 처음으로 해결해 준 지도자와 그 인간에 대한 감정은 숭배에 가까운 거의 '절대적인 존경'이 있을 수 있다."

그러면서 스탈린의 개인숭배와 마오쩌둥의 개인숭배 차이를 강변했습니다.

"스탈린은 당과 정부로 구성되는 관료화된 권력 체계의 커다란 피라미드 꼭대기에 앉아 관료적 방법으로 숭배를 강요했다. 반면 마오쩌둥은 문화대혁명을 통해 스스로 지휘한 당 관료 기구를 타파함으로써 민중과 자기를 직결시키는 데 대한 존경이다. 홍위병 운동은 인민 대중의 지성과 에너지에 의거한 결정 과정이 가장 극단적으로 표현된 운동이라는 것이다. 마오쩌둥이 이러한 대중의 힘에 의하는 방식이 스탈린의 강요에 의한 방식과의 가장 큰 차이다."

리영희는 반미와 대한민국에 대한 경멸로 일관했습니다. 미국은 전쟁이 없으면 살 수 없는 구조를 지닌 나라이며, 전 세계에 걸쳐 제국주의적 침략을 일삼는 나라라는 것이다.

"미국 자본주의는 그 본성으로 인해 국제 사회에서 잔인무도할 수밖에 없다. 약소 민족에 대한 전쟁 없이는 그 제국주의적 경제, 정치, 군사, 과학, 기술 체제를 유지할 수 없다. 미국이라는 나라는 심각한 빈부 격차, 경제 사회의 부정부패, 인종차별, 기업의 냉혈적 인사 제도, 그리고 사람과 사람 사이의 몰인정적인 생존경쟁 등 인간관계의 냉혹한 단면을 지닌 무자비한 약육강식의 철저한 이기주의적 자본주의 나라이다. 북한 핵 문제의 본질도 미국의 전쟁 없이 살 수 없는 제국주의적 침략적 속성에서 찾아야 한다." 「대화」

"평화의 가면 아래 지구상이 도처에 불씨를 뿌리고 다니는 국가가 있다. 진정 평화를 사랑하고, 전쟁 없는 삶을 원하는 사람은 그 정체를 확인해야 한다." 「새는 좌우의 날개로 난다」

그의 이런 주장은 허상이자 거짓이었습니다. 러시아의 우크라이나 침공, 중국의 신장 탄압, 중국과 러시아의 심각한 관료주의의 폐해와 부패, 공산주의자들의 폭력통치가 만천하에 드러났습니다. 사회주의 국가들은 전쟁이나 외부 압력이 아니라 '내부의 모순, 내부의 갈등과 저항' 등에 의해 무너졌습니다.

그는 대한민국을 폄훼했습니다. 그는 『대화』에서 북한을 '조국의 광복을 위해 싸웠던 애국지사들에 의해 설립된 나라이며, 새 나라 건설과 사회혁명의 열기가 충천하고, 일제시대의 친일파를 비롯한 호의호식하며 권세를 누렸던 자들이 깡그리 청소된 이상적인 사회'로 묘사했습니다.

그는 『우상과 이성』에서 대한민국을 이렇게 표현했습니다.

"남을 안방에 모셔 놓고 주인처럼 섬기기 20여 년, 해방 후부터 치면 32년인데 그만하면 됐지 얼마나 더 모셔야 종의 근성이 풀린다는 말일까? 이런 정신적인 기형아, 생태적 불구를 만드는 데는 이 나라에 대해서 주인 행세를 해온 그쪽의 잘못도 있다. 사실 그 잘못은 흔히 생각하는 것보다 크고 중하다."

그는 대한민국이 한반도의 유일한 합법정부라는 사실도 인정하지 않았습니다. 대한민국 정부가 UN에게 유일한 합법정부로 인정받은 것은 사실이나, 이것은 형식상 총선거가 실시된 38선 이남 지역에서의 유일 합법정부이지 한반도 전체의 주권을 가졌다고 보는 것은 확대해석이란 것입니다.

2004년 11월 4일 자 오마이뉴스에는 이런 글도 게재했습니다.

"80년대 한국 사회에서 모든 지식인과 교수, 정책수립가, 정당 관계자들은 국가보안법과 반공법의 법리를 뒷받침하는 소위 유엔총회 결의 '대한민국은 한반도 유일 합법정부'라는 이 법률이 얼마나 사실과 다르며 허위이고, 해석을 견강부회했던 집권자들의 자의적인 해석인지, 또 완전히 거짓에 의한, 우상에 의한 미신인지를 밝혀 나갈 때 무척이나 고통받았다."

대한민국과 북한은 해방 이후 치열한 체제 경쟁을 벌였습니다. 결과는 대한민국의 압승이었습니다. 그렇지만 '쓸모있는 바보, 리영희'는 이러한 사실에는 눈감으며 진실을 왜곡했습니다. 그의 뒤를 이어 신영복 같은 '쓸모있는 바보 후예들'이 나왔습니다.

좌파 지식인과 운동권, 그리고 이들이 주류를 이루는 민주당은 여전히 리영희와 신영복을 숭앙합니다. 그들의 주장, 그들의 정책이 반反민주주의 반反시장경제로 일관하는 것은 바로 이러한 좌파 지식인의 이념과 사상을 뒤따르기 때문입니다. 조금이라도 대한민국의 현재와 미래를 걱정하는 사람이라면, 이러한 '(사회주의를 찬미한) 쓸모있는 바보들의 유산'에서 파생한 폐해들이 무엇인지 파악하고 이를 없애는 데 적극적으로 노력해야 하겠습니다.

2. '욕망과 게으름' – 이기주의의 두 얼굴

서울상대동창회보 2024년 7월 김상민

현대인은 매우 이기적이라는 말을 듣습니다. 물질만능주의 사회에서 욕망이 최우선 가치가 되고, 나눔과 배려가 사라지고 있다며 한탄하는 목소리가 여기저기서 들립니다. 듣고 보면 그럴듯한데 한편으로 의심되는 부분도 적지 않습니다. 자신의 이익을 챙기는 건 인간의 본성이니 현대인뿐만 아니라 고대인도 이기적이었을 것입니다. 삶의 개선을 도모한다는 목적에서 볼 때 인간의 욕망이 반드시 부정적인 측면만 있는 건 아니기 때문입니다. 인간의 욕망 가운데 물질적 측면도 있고, 정신적 측면이 있기도 합니다.

실제로 동양과 서양에서 '이기심과 이익욕망 추구의 긍정적 측면을 발견한 사실'은 역사 발전에 큰 획을 그었습니다. 대표적인 인물이 중국의 한비자와 영국의 애덤 스미스입니다.

2,200년 전에 살았던 중국 전국시대의 철학자 한비자는 법치주의를 주장했습니다. 법가 사상을 집대성한 한비자는 인간에 대한 놀라운 통찰력을 다음처럼 표현했습니다.

"사람을 움직이는 동기는 무엇인가? 애정도 동정심도 아니다. 의리도 인정도 아니다. 그것은 단 하나, 이익이다. 인간은 이익에 의해 움직이는 존재다."

이익 추구를 사고의 기반으로 삼은 그의 법가 사상은 매우 현실적이어서 중국을 통일한 진의 통치이념이 되었고, 그 후 중국의 군주들은 한결같이 법치를 국정운영의 실제 수단으로 삼았습니다.

'경제학의 아버지' 애덤 스미스도 인간에 대한 놀라운 통찰력을 보여줬습니다. 그는 『국부론』에서 "우리가 매일 식사를 마련할 수 있는 것은 푸줏간 주인과 양조장 주인, 그리고 빵집 주인의 자비심 때문이 아니라, 그들 자신의 이익을 위한 그들의 고려 때문이다."라고 설명했습니다. 애덤 스미스의 지적 통찰을 잘 따른 서구는 비약적인 경제 발전을 이뤄냈습니다.

이러한 역사적 실제 사례에도 불구하고 '사람은 자기 이익을 위해 움직이는 존재'라는 이기주의는 듣는 사람을 불편하게 합니다. '넌 너무 이기적이야!'라는 대중가요 노랫말도 있는데, 대화 중에 이런 말을 했다가는 싸움이 나고 인간관계도 파탄으로 치닫습니다. 사람들은 이기주의를 '욕심, 탐욕, 냉혹' 등의 언어로 해석합니다. 이러한 해석은 이기주의의 앞면만 보고 뒷면을 보지 않은 결과 때문에 나오는 것 같습니다.

사실 인간의 이기주의는 크게 두 방향으로 작용합니다. 하나는 욕심과 욕망으로, 다른 하나는 게으름과 무책임으로 나타납니다. 게으름과 무책임도 또 다른 형태의 욕망이라고 할 수 있습니다. 우리 개인의 삶을 돌이켜보면 이기주의의 두 얼굴을 금방 확인할 수 있습니다.

학창 시절 공부를 열심히 하면 성적이 올라가고, 좋은 상급학교에 진학하거나 좋은 직장을 얻을 확률이 높아집니다. 기회의 창이 많이 열리는 겁니다. 그런데도 열심히 공부하는 학생은 소수입니다. '공부할까 아니면 놀까'라는 두 가지 선택지가 있을 때 노는 쪽을 택합니다. '이기적인 게으름'을 택하는 겁니다.

직장생활을 하면서 영어를 더 능숙하게 하고 업무능력을 더 높이면 더 많은 기회가 온다는 사실을 압니다. 승진이나 좋은 부서에 갈 수 있는 기회가 열리는 겁니다. 그런데도 영어를 공부하겠다는 다짐은 대체로 작심삼일로 끝나고, 업무능력을 향상하는 데 힘쓰는 직장인은 많지 않습니다.

나이가 든 어르신들도 꾸준한 운동이 장수의 지름길이라는 것을 압니다. 매일 책을 읽고 글을 쓰는 게 치매를 예방하는 좋은 방법이라는 것을 모두 잘 압니다. 그런데도 꾸준하게 운동하거나 책을 읽는 사람은 그리 많지 않습니다.

공부, 일, 운동, 독서 등에서만 '비이성적이고 불합리하게 보이는 게으름'이 있는 것은 아닙니다. 돈을 벌거나 사람을 사귀거나 경험을 늘리는 등 삶의 다른 영역에서도 '게으름'은 대체로 '부지런함'을 이깁니다. 피곤하면 앉고 싶고, 앉으면 눕고 싶고, 누우면 자고 싶은 게 사람입니다.

성경의 '잠언'을 보면 '게으른 자는 자기의 손을 그릇에 넣고서도 입으로 올리기를 괴로워하느니라'라고 표현했습니다. 맹자는 '스스로를 해치는 자와는 함께 대화할 수 없고, 스스로를 버리는 자는 함께 일할 수가 없다自暴者 不可與有言也 自棄者 不可與有爲也'라고 했습니다. '게으름을 위한 게으름'의 인생은 어떻게 해 볼 도리가 없다는 뜻입니다.

물론 개인적인 차원에서 '유익한 게으름'도 있습니다. '열심히 일한 당신, 떠나라!'라는 광고 문구가 말한 것처럼 재충전을 위한 휴식과 게으름은 나무랄 게 못 됩니다. 그건 '이보二步 전진을 위한 일보후퇴'이고 지속적인 게으름이 아니기 때문입니다.

'욕심'과 '게으름'은 이기주의의 다른 두 얼굴이다 보니, 개인의 선택이 법 테두리만 벗어나지 않으면 악이라고 할 수 없습니다. 다만 '욕망과 게으름'이 개인 차원이 아니라 사회 전체의 차원에서 적용되면 이야기가 사뭇 달라집니다.

'기회의 평등'이 주어지고 '성과 대비 보상'이 주어지는 사회에서는 욕망이 원동력으로 작용합니다. 예컨대 자기 사업을 하는 이들은 더 큰 돈을 벌기 위해 밤낮을 가리지 않고 바쁘게 움직이고 때로는 무리하기까지 합니다. 예컨대 맛집 식당으로 유명한 곳을 가보면 대부분 사장님이 새벽부터 부지런하게 일하십니다. 노력에 따라 결과가 달라지고 그 결과는 모두 자신의 몫이 되기 때문입니다. 이런 사회는 자신의 처지를 개선하려는 많은 사람의 노력에 의해 발전합니다. 자유민주주의 시장경제가 바로 '건강한 욕망'을 원동력으로 삼은 사회였습니다.

'결과의 평등'이 적용되고 '성과와 관계없는 보상'이 주어지는 사회에는 최대한으로 적게 노력하려는 '게으름'이 원동력으로 작용합니다. 급여가 일정하고 정년까지 잘릴 일이 없는 사람들은 자연스럽게 자신의 노력을 줄입니다. 일하는 척하는 가짜 노동으로 일관합니다. 노력을 더 한다고 더 많이 주는 것도 아니고, 노력의 결과가 100% 모두 자신에게 귀속되는 것도 아니기 때문입니다. 공무원이 대표적인 직종입니다. 민간보다 관료사회의 생산성이 떨어지는 게 바로 이 때문입니다. 덧붙이자면 모든 국가 구성원을 관료로 만드는 사회가 바로 사회주의 국가입니다. 인류 역사에서 사회주의 계획경제는 의도치 않게 '게으름'을 사회의 원동력으로 삼았고, 결국 쫄딱 망했습니다. (2025년 출범한 미국의 트럼프 2기 정부는 일론 머스크 테슬라 최고 경영자CEO가 이끄는 정부효율부DOGE를 중심으로 '철밥통 공무원'을 줄이기 위해 매진하고 있습니다. 한국도 공무원에 대한 시각이 좋지는 않은데, 인사혁신처에 따르면 2023년 기준 국내 공무원은 122만 1,746명입니다. 특히 2017년부터 2022년까지 이어진 문재인 정부 시절에만 공무원 정원이 13만 명 늘었습니다.)

최근 국제사회에서 '미국은 뜨고, 유럽은 처진다'라는 사실이 화제가 되고 있습니다. 21세기가 시작될 무렵 인구가 3억 4,000만 명인 미국과 인구가 4억 5,000만 명인 EU유럽연합의 GDP가 비슷했습니다. 그러다가 20여 년이 흐른 2024년 현재 미국의 GDP는 28조 달러, EU의 GDP는 19조 달러입니다. 유럽연합이 미국의 67% 수준에 불과합니다. 과거 여러 좌파 경제학자들이 '미국의 몰락'을 예견했는데, 지금 그들의 예상은 정반대로 빗나가고 있습니다. (1959년 서울대 경제학과에 입학한 신영복은 책 『담론』에서 "엠마누엘 토드는 자신의 책 『제국의 몰락』에서 군사력에 기초한 미국의 단일 패권은 이미 기울기 시작했고 15년을 지탱하기 어렵다고 예견했습니다."라고 소개했습니다. 신영복은 엠마누엘 토드의 말을 진실인 양 포장했으나 결론은 터무니없는 거짓이었습니다.)

미국과 유럽의 차이는 부지런함과 게으름에 대한 대우의 차이에서 비롯됐다고 생각합니다. 최근 국가의 경쟁력은 '뛰어난 인재의 확보'에 있다는 게 정설입니다. 세계적인 인재들은 지금 대거 미국으로 몰리고 있습니다. 유럽은 복지를 중시하다 보니 세금이 가혹한 데 비해, 미국은 세금은 적으면서 자신의 성과를 확실히 더 챙길 수 있기 때문입니다. 유럽은 상대적으로 게으름을 우대하고, 미국은 상대적으로 부지런함을 우대하고 있다는 얘기입니다. 그래서 미국이 '인종의 용광로'를 넘어 '인재의 용광로'가 됐다는 소리도 나옵니다. (예전에 한 재미동포가 "한국인 가운데 독일로 간 분들 가운데 거대한 부를 쌓은 사람은 없지만, 미국은 무척 많다. 그건 부지런함을 크게 보상하기 때문이다"고 하셨던 말씀이 생각납니다.)

대한민국은 어떨까요? 한국 기업들은 한국을 떠나고, 해외 기업들은 한국행을 망설이고 있다는 신문 기사가 떴습니다. 가장 큰 이유는 처벌 위주인 규제에 대한 공포 때문이라고 합니다. '경제형벌규정 개선 태스크포스™'의 2023년 발표에 따르면, 414개 경제 관련 법률 중 형벌 규정이 5,886개에 달한다고 합니다. 이 중 다수가 이중 처벌 혹은 양벌규정이라는 겁니다. 중앙일보 2024년 7월 17일 자

법과 규제가 많아지는 사회에서 사람들은 의도적으로 부지런함을 회피합니다. 처벌이 무서우니 가만히 있는 겁니다. 겉으로는 부지런하게 일하는 것처럼 보이는데, 사실은 의도하지 않은 게으름을 피우는 겁니다. 그중 대표적인 게 바로 관료사회의 '복지부동'입니다.

우리 제도에서도 게으름을 권장하는 게 여럿 보입니다. 대표적인 게 실업급여입니다. 실업급여는 실직자가 재취업을 위해 노력하면서 생계유지를 할 수 있도록 하기 위해 도입된 좋은 복지제도입니다. 그런데 실업급여 지급에 횟수 제한이 없으니 이걸 악용하는 사람이 생겼습니다. 2024년 6월 한 달 동안 실업급여 지급액이 1조 1,103억 원으로 역대 최고였습니다. 2024년 1~4월 수급자 가운데 3년 동안 3회 이상 받은 사람이 2만 942명에 달했다고 합니다. 특히 실업급여 수급액이 최저임금을 넘어서면서 '악성惡性 반복 수급자의 게으름'을 보장해줬다는 지적도 나옵니다. 결국 실업급여 지급할 돈이 바닥나면 재정을 메워야 하니, 결국 실업급여 수급자들의 못된 행태가 국민

세금 부담으로 돌아오게 될 것입니다. 이렇게 게으름을 조장하는 제도는 당장 개선해야 할 것입니다.

'욕망과 게으름'의 대비가 자칫 욕망에 대한 찬사로 비칠 수도 있습니다. 많은 사람이 자본주의 체제가 위기를 겪는 것은 바로 '욕심'의 과도함 때문이라고 말합니다. 그렇지만 자본주의 즉 자유시장경제의 메커니즘에는 '지나친 욕심'을 방지하는 법적, 도덕적 장치가 있습니다.

예컨대 미국을 비롯한 시장경제 국가들의 독과점 제한은 특정 기업가나 기업이 과도하게 힘을 갖는 것을 막습니다. 반면에 사회주의 체제에서는 공산당 일당독재의 권력집중 시스템이다보니 모든 게 독점으로 나타납니다. (좌파 지식인들은 사회주의의 필연적인 독점 측면을 지적하지 않습니다.)

인간의 이기심을 언급했던 애덤 스미스는 『도덕감정론』에서 이렇게 말합니다. "인간은 선천적으로 사랑받기를 원할 뿐 아니라 사랑스러운 사람이 되기를 원한다"라고 했습니다. 즉 인간은 이기적인 존재이면서도 기본 바탕에서는 선한 본성이 있다고 전제했습니다. (불가佛家에서도 '복은 스스로 지어야 받는 것이다. 내가 지은 복은 절대 남에게 가지 않고 나를 떠나지 않는다. 바르지 않으면 복이 깃들지도 않고 복을 누릴 수도 없다.'라는 말이 있습니다.)

흔히 좌파 학자들은 영미식 경제를 '인정 없는 자본주의'라고 몰아붙입니다. 탐욕의 화신들이 득실거리는 사회로 묘사합니다. 이와 관련해 흥미로운 데이터가 있습니다.

세계 기부 지수는 영국의 자선 단체 자선지원재단CAF과 미국의 여론 조사회사 갤럽이 만든 '사람 돕기, 기부, 자원봉사 관련 지수'입니다. 2018년 지수를 보면 미국, 영국, 호주, 뉴질랜드 등 영국 문화의 영향을 받은 나라들이 '2~5위'에 있습니다. 한때 영국의 식민지였던 이들 국가는 자유시장경제를 지향하며 매년 기부 지수의 상위권을 차지합니다. (2018년에 1위는 인도네시아이고, 6위는 아일랜드입니다.) 대한민국은 안타깝게도 60위입니다.

'욕망의 자본주의 국가'로 불리는 미국과 영국 등이 기부 문화가 발달한 대표적인 '이타주의 국가'라는 게 참 인상적입니다. '진정한 이기주의 혹은 개인의 성과를 중시하는 성과주의'라는 동전의 뒷면에 이타주의가 확고하게 자리하고 있는 것 같습니다. 남을 돕는 게 진정으로 자기 자신을 위한 것이라는 사실을 어렸을 때부터 배우고 체득한 결과로 보입니다. 시장경제의 최대 장점도 '소비자를 만족시키는 사람이 돈을 번다'라는 사실입니다. 남의 행복을 위해 좋은 음식을 만들어 주는 식당, 좋은 제품을 만드는 기업이 성공하고 돈을 법니다.

반면에 부지런이라는 욕망을 권장하는 자본주의를 이기주의라고 욕하고 비방하는 사람들의 마음에는 '게으름을 조장하는 또 다른 이기주의'가 똬리를 틀고 있는 것은 아닌지 의심스럽습니다. 여러모로 볼 때 이기주의의 두 얼굴인 '욕망과 게으름'은 참으로 흥미로운 주제라고 하겠습니다.